地図を読むと、山はもっとおもしろい！

コミックだからよくわかる
読図の「ど」

鈴木みき

講談社

【登山地図】

等高線は薄いですが、地形は高低で色分けされているので、感覚的に認識することができます。
登山道はもちろん登山に関する情報がたくさん。

▲1:50,000(50,000分の1)　▼1:15,000(15,000分の1)

『2015年版　山と高原地図27　高尾・陣馬』(昭文社)より原寸をトリミングして掲載。

【地形図とコンパス】

地形図に磁北線を書き入れた例です。コンパスには、進行線、カプセルのなかの矢印、磁針と、３つの矢印があります。

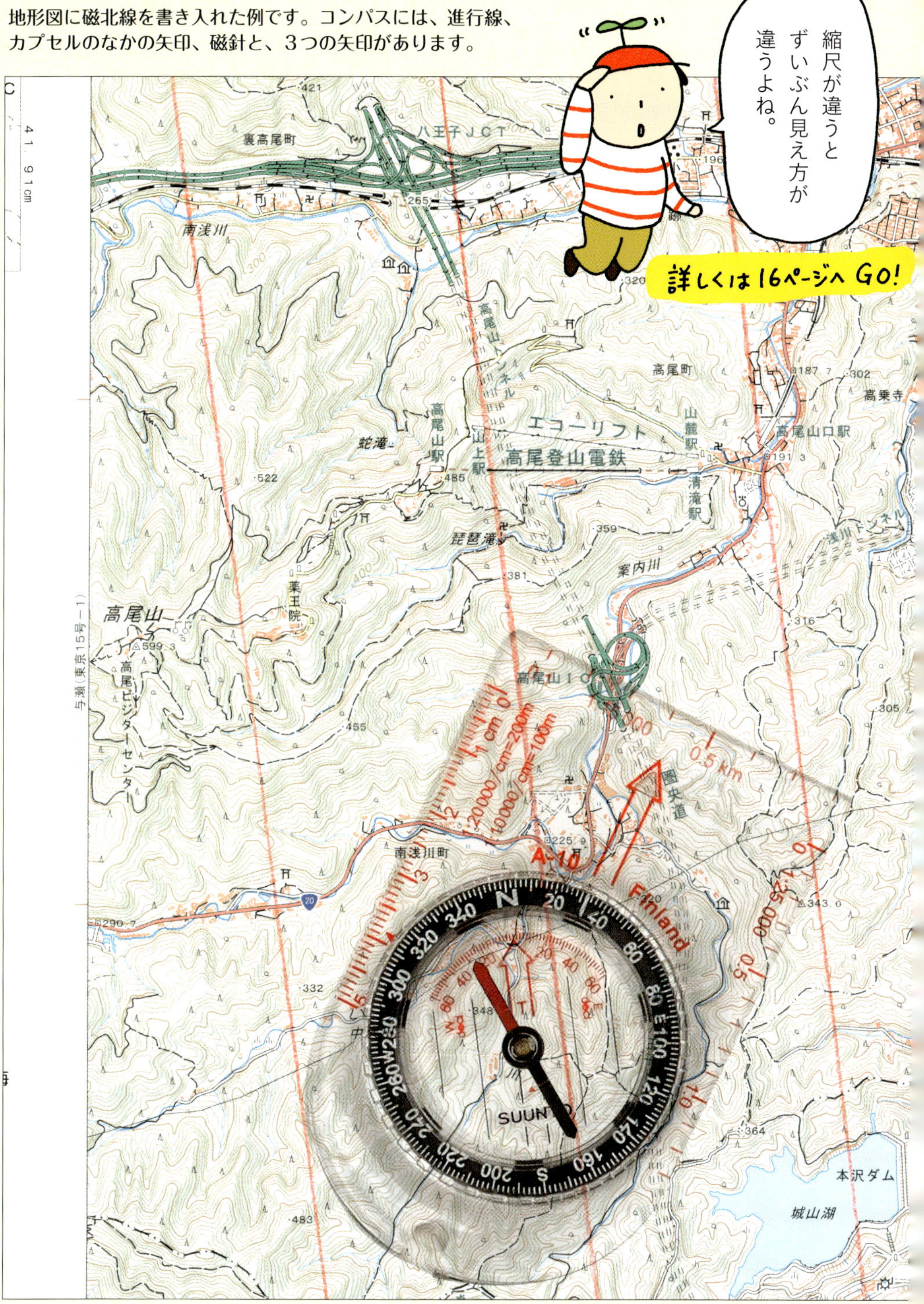

▲1：25,000（25,000分の1）

国土地理院発行の25,000分の1地形図（八王子）を使用し、原寸で掲載。コンパスは私物です

【地形図の欄外情報】

この地形図に切りとられた地域（図名）の位置関係の情報、製作された基準などは欄外に記載されています。

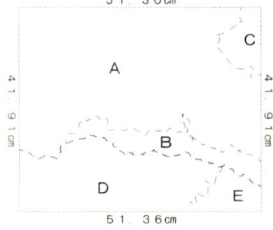

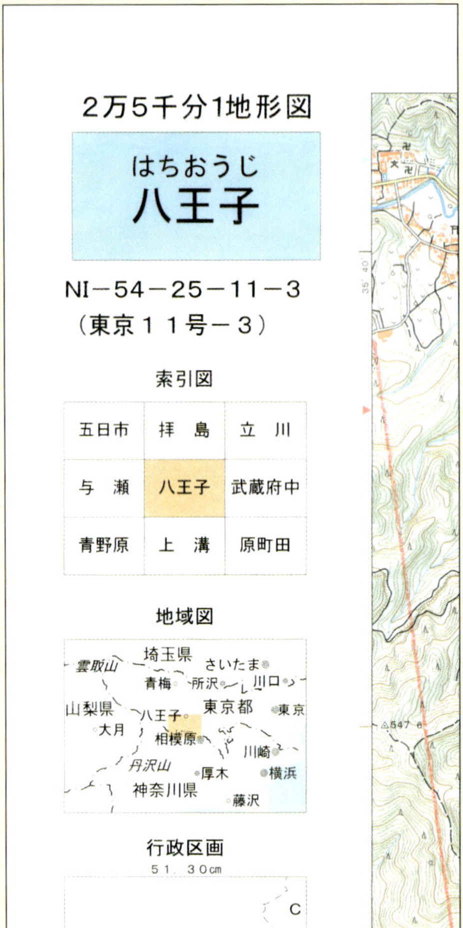

国土地理院発行の 25,000 分の 1 地形図（八王子）を使用。

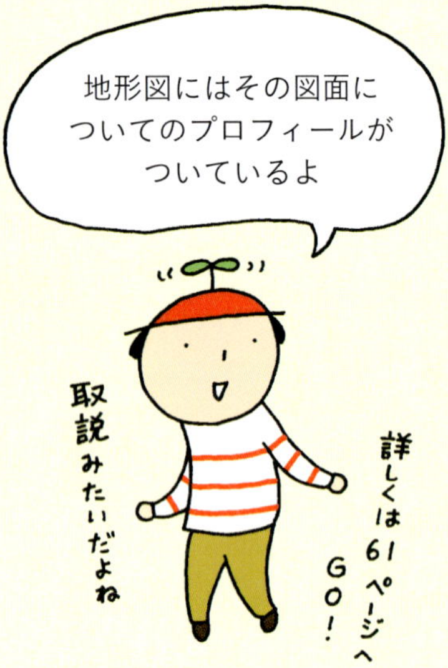

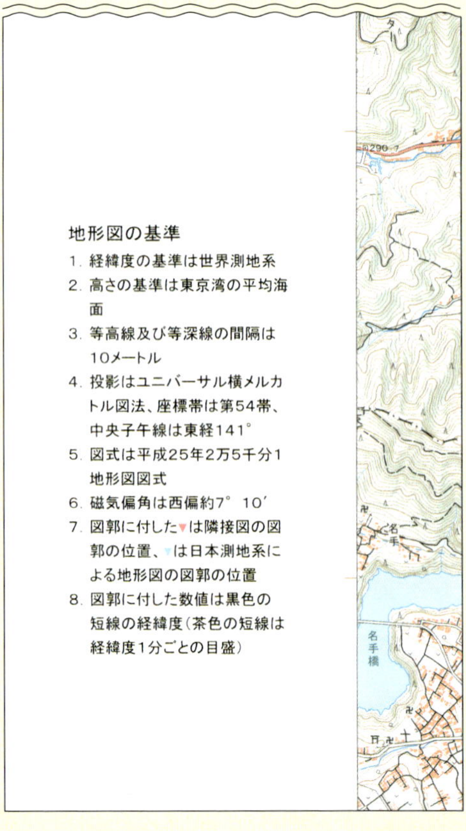

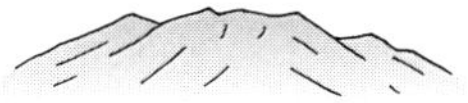

地図を読むと、山はもっとおもしろい!

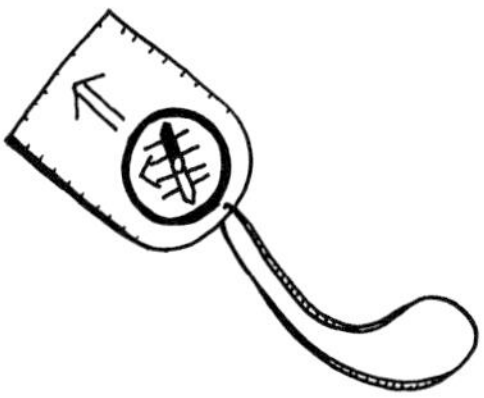

コミックだからよくわかる　読図の「ど」

ごあいさつ

山で地図が読めたらいいな、と思ったことがありませんか?
もしくは、登山をするなら地図読みできないといけないいな、
そんな強迫観念をもってはいませんか?
でも、何となく難しそうで後回しにしていないでしょうか?

山で地図は読めたほうがいいに決まっています。
登山をするなら地図読みは必須でしょう。
そして読図《どくず》の技術はそんなに簡単にマスターできるものではありません。

けれども
もしあなたが登山道だけで地図を使えるようになりたい、
登山道を間違えないように進みたいと思っているだけならば
読図技術の基本の「き」、つまり読図の「ど」をマスターすれば大丈夫。

読図は読んで字のごとく、地図を読んで、地形を読むことです。
登山道でまず必要とされる読図の技術は
地図に示されている正しい登山道を計画どおりに歩けることです。

読図の「ど」は、進む道を選ぶ技術、まさにピッタリ！

ちょっと練習はしなくてはいけないけれど
きっとあなたの考えている100倍はカンタンで楽しいはず。
こんなことなら早くマスターしておけばよかったと
後悔するかもしれませんよ。

登山では進む道ひとつとっても判断の連続、
登山道があるとつい安心してしまいがちですが
明確な道を誤ることでも命にかかわることもあります。
どのような道でもあなたが選び歩いているのを忘れてはいけません。

自分で歩くからこそ登山は楽しいのです。
読図の「ど」であなたの登山が変わります。
登山道を選ぶのが、山を歩くのが、もっとおもしろくなりますよ。

始めなければ、変わらない。
レッツ、読図の「ど」！
重かった読図の扉を開けましょう！

CONTENTS

巻頭カラー口絵
（登山地図・地形図・コンパスの実際）

002 ごあいさつ

序章 はじめに

008 「登山道読み」しませんか？
014 COLUMN 1 開運アドバイスつき あなたの地図読みタイプはどれ？

第1章 地図＋コンパスは最強ナビ

016 地図ってなに？「山用」はどれ？
023 覚えてほしい「山の地形」
031 読図に必須のコンパス
036 読図のキーワード「現在地を知る」
042 COLUMN 2 地図好きスズキの地図の思い出

第2章 登山地図を読んでみよう！

044 「登山地図」ってどんな地図？
051 登山地図の「楽しい読み方」
058 COLUMN 3 地図の便利帖

第3章 地形図とコンパスを使ってみよう！

060 「地形図」とはなんぞや？
067 「等高線」がわかる！
076 コンパス操作のための「磁北線」設定
084 コンパスの「操作法」
091 〈コンパス操作のまとめ〉
092 実地de読図ミッション
093 ◇分岐deミッション
099 ◇山頂deミッション
107 〈コンパスミッションのまとめ〉
108 COLUMN 4 スズキの一考 地形図のコピーについて

CONTENTS

第4章　読図を練習しよう！

110　「受講」のすすめ

120　読図の「自主トレ」

第5章　先読みをマスターしよう！

126　読図の「ど」だけで先読みもできる

終章　おわりに

136　読図の「ど」のその先に

142　あとがき

※本書に掲載の情報は2015年6月30日現在のものです。

序章

はじめに

「登山道読み」
しませんか？
山岳・アウトドア
ええっと
地図 地図…
栗駒山《くりこまやま》
栗駒山のは…
これ これ
は！ 本屋さんから
こんにちは
山と地図は
見ているだけでも幸せ
イラストレーターの
鈴木みきです
どーも
どーも
今度
行ったことのない
山に行くので
登山地図を
買いに来ました
ちょっと不安なので
あわせて地形図も
持っていこうかなと
思っています
はて？
地形図
どこかな～？
キョロ
キョロ

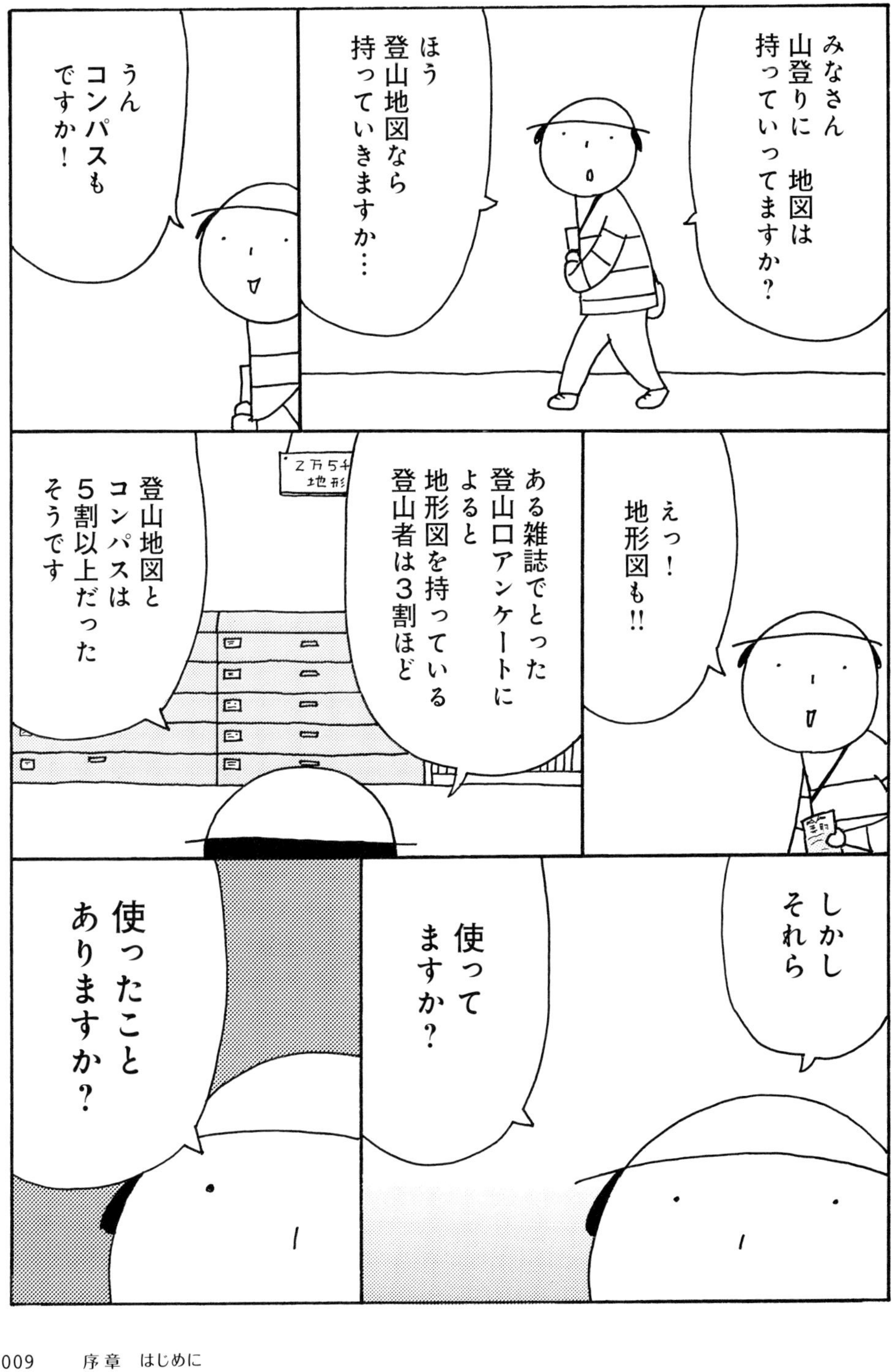
みなさん
山登りに　地図は
持っていってますか？
ほう
登山地図なら
持っていきますか…
うん
コンパスも
ですか！
えっ！
地形図も!!
2万5千
地形
ある雑誌でとった
登山口アンケートに
よると
地形図を持っている
登山者は3割ほど
登山地図と
コンパスは
5割以上だった
そうです
しかし
それら
使って
ますか？
使ったこと
ありますか？

別に　責めてるんじゃないですよ
ねーもー
登山って「読図《どくず》」できなきゃいけないみたいな空気があるじゃないですか〜
あれいやですよね〜
たとえば登山道を歩いていて「読図」するときってどんなときですか？
山頂まで　あとどのくらい時間がかかるか？　とか
右？左？
分岐でどちらに進もうか？　とかですかね？
そうそうですよね
ここは右だって〜
大半の登山者は登山地図の登山道の線とコースタイムを見ているだけでさほど読んではいません
私もほとんどそうです

読図をしなくても
登山者が
楽しく登山できるのは
登山道の整備が
行き届いているのと
登山地図の精度が高く
親切なおかげです
ありがたや
ありがたや
しかし　登山道のない
雪山登山や
登山地図にない
マイナーな山に行くには
コンパスを使った
地形図の読図が
不可欠です
地形を読み
ルートを探し
コンパスで
常に方向を
意識して進む
コンパス？
コレでしょ？
地形図？
登山地図とちがうの？
ムズカシイ
ハァ…
やっぱり
そうなりますよね？

しかし…
それはそういう山行《さんこう》を
するための読図
私の考える
一般登山道で必要な読図は
「道に迷わないための
確認作業」です
地形を読んで
ルートを探す技術より
一般登山道では
登山道を読むほうが
だいじだと
思っているんです
今から進む登山道が
合っているのか
どんな登山道なのか
それがわかれば
ラクではないですか？
あ、よかった
こっちで
OK！
そっか！
それと
見えた山の名前が
ちょっとわかれば
十分！
あれは
○○山ですよ
ナハッ
すご〜い
よく知ってますね〜
まあ
私の読図レベルでは
それ以上説明できない
都合もありますが
そんなアナタには
応えられる
新感覚の「読図本」です
読図本
挫折者に
捧ぐ！

登山道を読むだけなら
覚えるのは
「読図」のキホンだけ
山でよく使う
コンパスの操作は
1つしかないし
地形図って　そもそも
山の地図ではないって
聞いたら驚きません？
「読図」は　それを
応用したり理解して
深めていくもの
なのです
まずは
そこに行き着く前に
読図の「ど」を身につけて
登山道を読むことを
目標にしてみない？
たしかに
私は登山道しか
歩かないし…
それなら
できそう
登山地図と
地形図の
いいとこ取り
で！
ハイブリッド！
「登山道読み」に
チャレンジ！
学ぶ！

開運アドバイスつき

COLUMN 1 あなたの地図読みタイプはどれ?

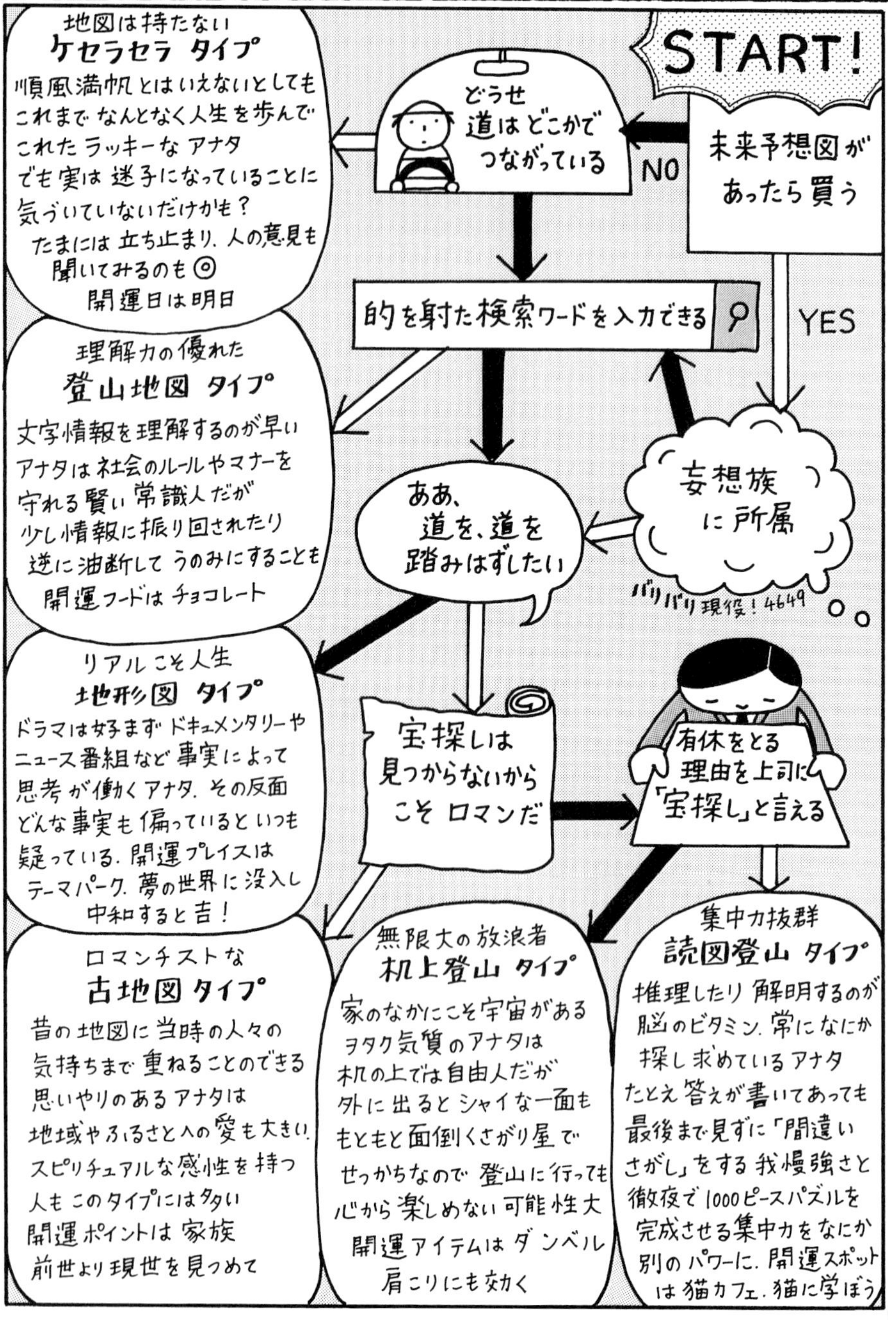
START!
未来予想図があったら買う
NO
どうせ道はどこかでつながっている
YES
的を射た検索ワードを入力できる
妄想族に所属
バリバリ現役! 4649
ああ、道を、道を踏みはずしたい
宝探しは見つからないからこそロマンだ
有休をとる理由を上司に「宝探し」と言える
地図は持たない
ケセラセラ タイプ
順風満帆とはいえないとしてもこれまでなんとなく人生を歩んでこれたラッキーなアナタ
でも実は迷子になっていることに気づいていないだけかも?
たまには立ち止まり、人の意見も聞いてみるのも◎
開運日は明日
理解力の優れた
登山地図 タイプ
文字情報を理解するのが早いアナタは社会のルールやマナーを守れる賢い常識人だが
少し情報に振り回されたり逆に油断してうのみにすることも
開運フードはチョコレート
リアルこそ人生
地形図 タイプ
ドラマは好まずドキュメンタリーやニュース番組など事実によって思考が働くアナタ。その反面どんな事実も偏っているといつも疑っている。開運プレイスはテーマパーク。夢の世界に没入し中和すると吉!
ロマンチストな
古地図 タイプ
昔の地図に当時の人々の気持ちまで重ねることのできる思いやりのあるアナタは地域やふるさとへの愛も大きい。
スピリチュアルな感性を持つ人もこのタイプには多い
開運ポイントは家族
前世より現世を見つめて
無限大の放浪者
机上登山 タイプ
家のなかにこそ宇宙があるヲタク気質のアナタは机の上では自由人だが外に出るとシャイな一面も
もともと面倒くさがり屋で
せっかちなので登山に行っても心から楽しめない可能性大
開運アイテムはダンベル
肩こりにも効く
集中力抜群
読図登山 タイプ
推理したり解明するのが脳のビタミン。常になにか探し求めているアナタ
たとえ答えが書いてあっても最後まで見ずに「間違いさがし」をする我慢強さと徹夜で1000ピースパズルを完成させる集中力をなにか別のパワーに。開運スポットは猫カフェ。猫に学ぼう

第1章 地図＋コンパスは最強ナビ

地図って なに?
「山用」は どれ?
旅行や訪問先に 向かうとき 駅の案内板や 観光案内地図 カーナビなど
地図はわりと 私たちの 身近にあります
MAP
おすすめ カフェ
左です
ほとんどは 目的地に行くために 見るものでは ないでしょうか
スマホのナビで迷う私…
あれ?
道案内以外でも 統計図 地質図 海の中の地図(海図) ハザードマップなど 「地図」は 多種多様にあります
統計地図
津波ハザードマップ
海図
地質図
好きな地図は 赤色立体地図!
そんな 地図共有の定義は
実物より 縮めてある
ことです
きゅーっと
あたりまえですが 縮めていなかったら えらいことですね
中央区
マンホール?

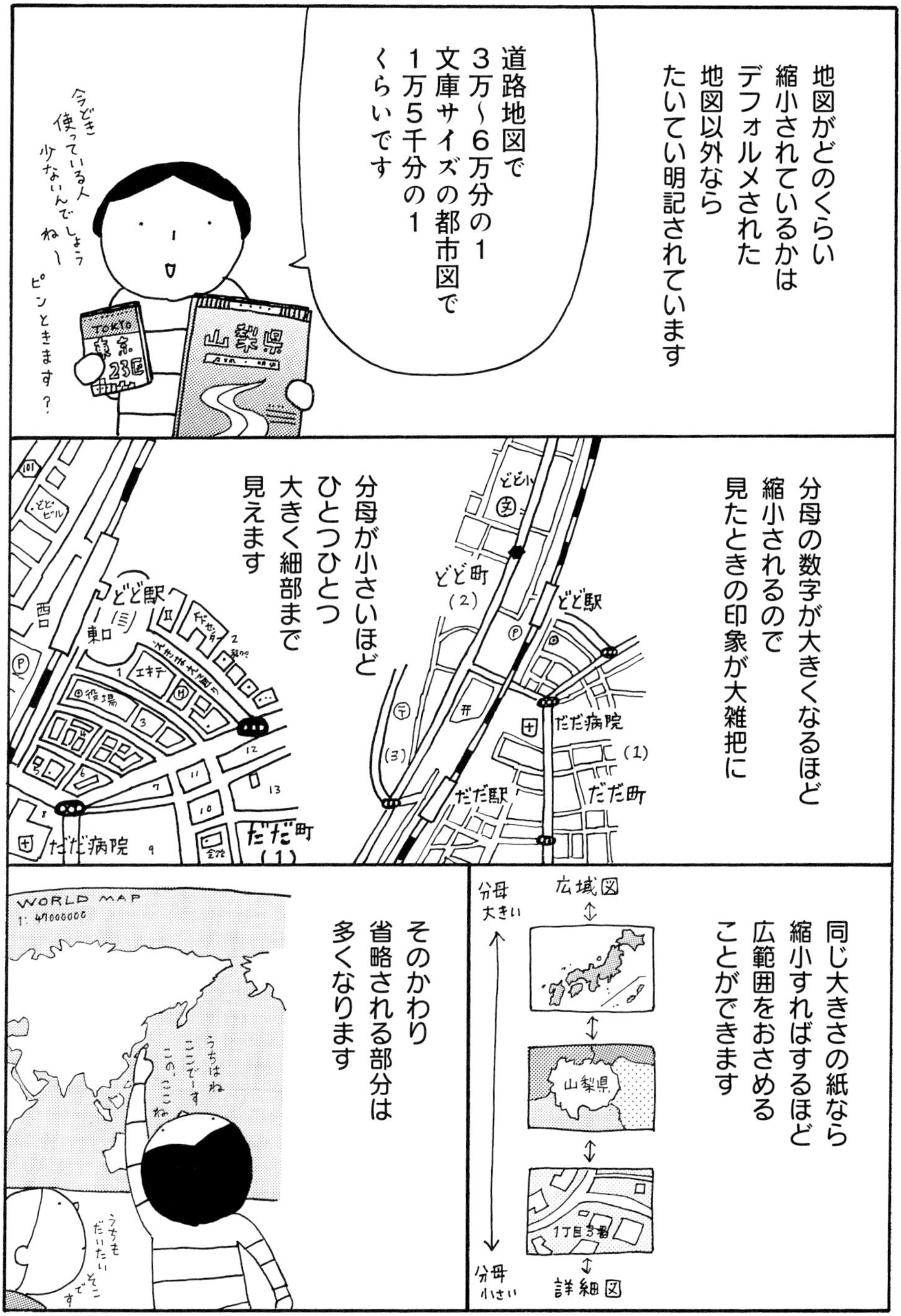
地図がどのくらい縮小されているかはデフォルメされた地図以外ならたいてい明記されています
道路地図で3万〜6万分の1 文庫サイズの都市図で1万5千分の1くらいです
今どき使っている人少ないんでしょうねー
ピンときます？
TOKYO 東京23区
山梨県
分母の数字が大きくなるほど縮小されるので見たときの印象が大雑把に
どど町 (2)
どど駅
だだ病院
(1)
だだ駅
だだ町
(3)
分母が小さいほどひとつひとつ大きく細部まで見えます
どどビル
どど駅
西口
東口
役場
だだ病院
だだ町 (1)
同じ大きさの紙なら縮小すればするほど広範囲をおさめることができます
広域図
分母大きい
山梨県
1丁目3番
詳細図
分母小さい
そのかわり省略される部分は多くなります
WORLD MAP 1: 47000000
うちはね ここでーす この、ここね
うちもだいたいそこです

とはいえ
スマートフォンや
タブレットの地図は
タッチで縮小拡大が
自由自在
びょーん
必要な縮尺で
すぐ見られる
というのは
画期的です
ちなみに
デジタルに
あまり明るくない作者によって
この先が進んでいきます
あしからず
カーナビや
スマートフォンの道案内のように
常に進行方向を前方として
現在地の表示をしていると
あまり意識しませんが
地図には東西南北が
あります
北
西
東
南
基本的には
上辺が北になるよう
描かれています
小学校のとき
習ったかな?
事情により
そうならない場合は
コンパスマークで
示されます
北
ナビでは向いているほうに
動いたり
北
ながい島
全体が入りきるように工夫するために
余談ですが
道を尋ねて
方角で答えられると
「この人
かっこいいなあ」と
思っちゃいませんか?
ここから
西だよ
夕方になるまで
わからないなぁ…
でも
できたら
左右で
言ってほしい
けど

私は地図を見て
どこかに行くのは
得意ですが
「方角」はちょっと苦手
西は左
左が西?
どっちも西?
あれ?
それでも
なにか自分の基準みたいな
ものが体のなかにあって
方角を判断しているみたい
なんですよね
野性のカンみたいな
あの 私
方向オンチ
なんですけど!
女性は方向オンチ
さらには
地図が読めないなんて
レッテルが貼られがちですが
研究されて
事実ではないと
実証されているので
自信を持って
ください
とはいうものの
私もコンパスを持たない
街中では
けっこう迷うので
実はそうなのかなあって
不安ではあるんですが
でも 泥酔しても
ちゃんと帰宅
してるから
違うかな! って
記憶はないよね
アハハ
帰巣本能です
それ

さて　登山で使う地図の代表は「登山地図」と「地形図」です
登山地図は昭文社から発行の『山と高原地図』に代表されるタイプ
巻頭カラー参照
地形図はあのウネウネした線の描いてあるやつ
一般的に「読図」というのはこの地形図のほうを読むことを指します
なにを読むの？
ご存じ　登山地図にはたくさんの情報が書いてあるよね？
コースタイム
山小屋
水場
急坂
道迷い注意
など
など
地形図にはそれが言葉では書いてないのですだから登山で使うには――
地図記号とウネウネした線からその情報を「読む」んだよねだから「読図」なんだな
ああ　すでにあきらめモード！

地形図で「読図」ができるようになるとコースタイムやそこからの景色なども読むことができます
でも せっかく登山地図にすでに書いてあるのだから情報はそっちをいただいてしまおう
私たちのとりあえずの目標はそこではないのでね
あきらめないで
では地形図はなんのために使うんですか？
登山地図ではうっすらしか見えない「地形」を活用したいんだな！
地形…ですか……
う〜ん理系なひびき
まあ 地形を読むのが本来の「読図」なんだろうけど今回は「登山道を読む」のにコンパスを使いたいから地形図を持ってく感じ
う〜ん地形図って複雑そうちゃんと見たことないし…

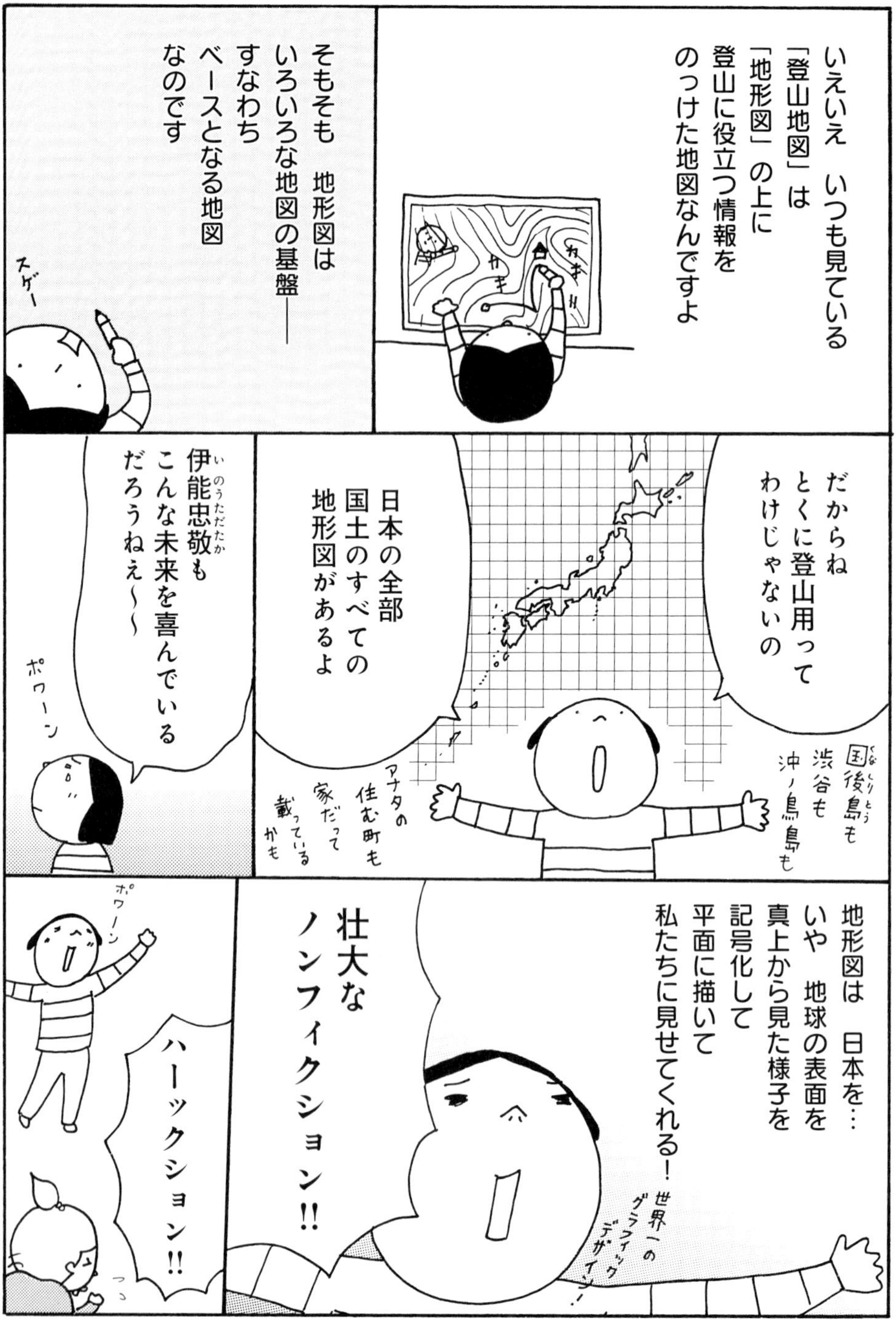
いえいえ　いつも見ている
「登山地図」は
「地形図」の上に
登山に役立つ情報を
のっけた地図なんですよ
そもそも　地形図は
いろいろな地図の基盤——
すなわち
ベースとなる地図
なのです
スゲー
だからね
とくに登山用って
わけじゃないの
国後島《くなしりとう》も
渋谷も
沖ノ鳥島も
日本の全部
国土のすべての
地形図があるよ
アナタの
住む町も
家だって
載っているかも
伊能忠敬《いのうただたか》も
こんな未来を喜んでいる
だろうねえ〜〜
ポワーン
地形図は　日本を…
いや　地球の表面を
真上から見た様子を
記号化して
平面に描いて
私たちに見せてくれる!
壮大な
ノンフィクション!!
世界一の
グラフィック
デザイン!
ポワーン
ハーックション!!

覚えてほしい
「山の地形」
では さ
山の地形は
いくつ知ってる？
ええっ!?
難問です
もお～～
知ってるくせに～
チョイ
チョイ
登山地図や
地形図を見るにも
必要になるから
少し覚えて
おこう
でも 実は
山登りをしていると
なにげなく 山の地形を
表す言葉を
使っているよ
うーん
なんだろう？
じゃ
飛んで
見に行こう～
回して
みて、それ
グィイィン…
えっ？

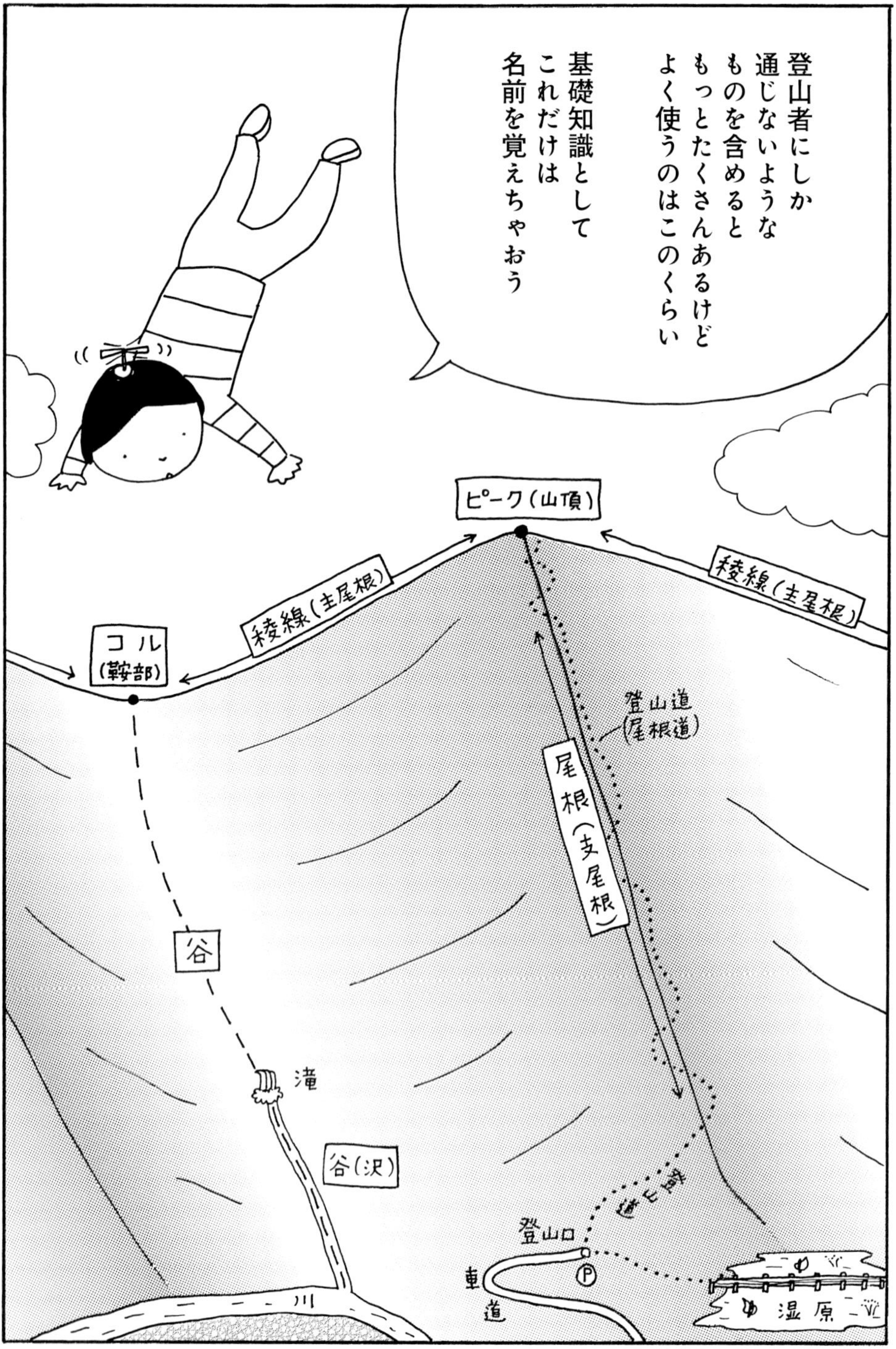
登山者にしか通じないようなものを含めるともっとたくさんあるけどよく使うのはこのくらい
基礎知識としてこれだけは名前を覚えちゃおう
ピーク（山頂）
稜線（主尾根）
稜線（主尾根）
コル（鞍部）
登山道
尾根道
尾根（支尾根）
谷
滝
谷（沢）
登山道
登山口
車道
湿原
川

【必ず覚えてほしい山の地形】ピーク（山頂《さんちょう》）稜線《りょうせん》（主尾根《しゅおね》）尾根《おね》（支尾根《しおね》）コル（鞍部《あんぶ》）谷《たに》（沢《さわ》）

※順不同

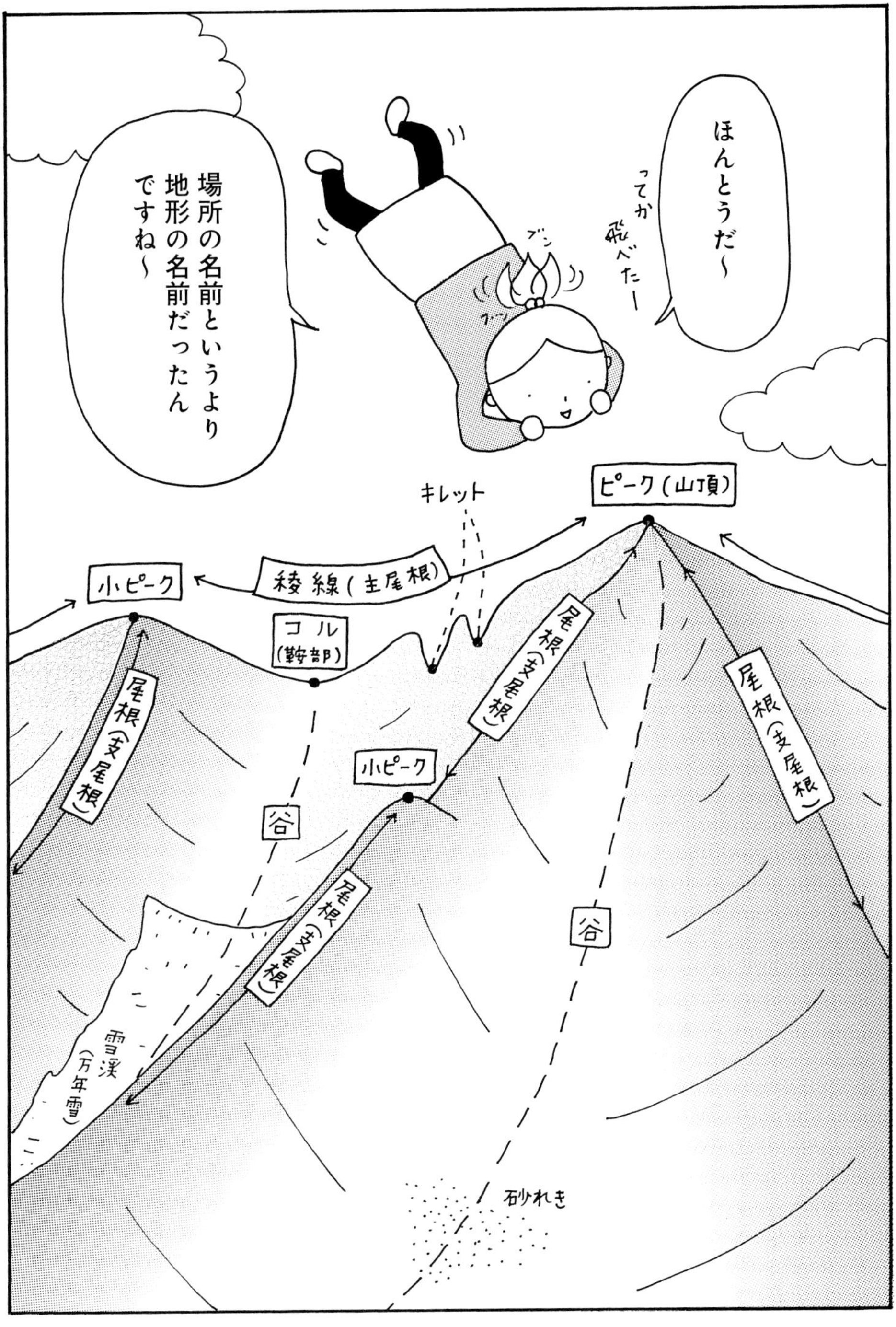
ほんとうだ〜
ってか飛べた〜
場所の名前というより地形の名前だったんですね〜
ピーク（山頂）
キレット
稜線（主尾根）
小ピーク
コル（鞍部）
尾根（支尾根）
尾根（支尾根）
尾根（支尾根）
小ピーク
谷
谷
尾根（支尾根）
雪渓（万年雪）
砂れき

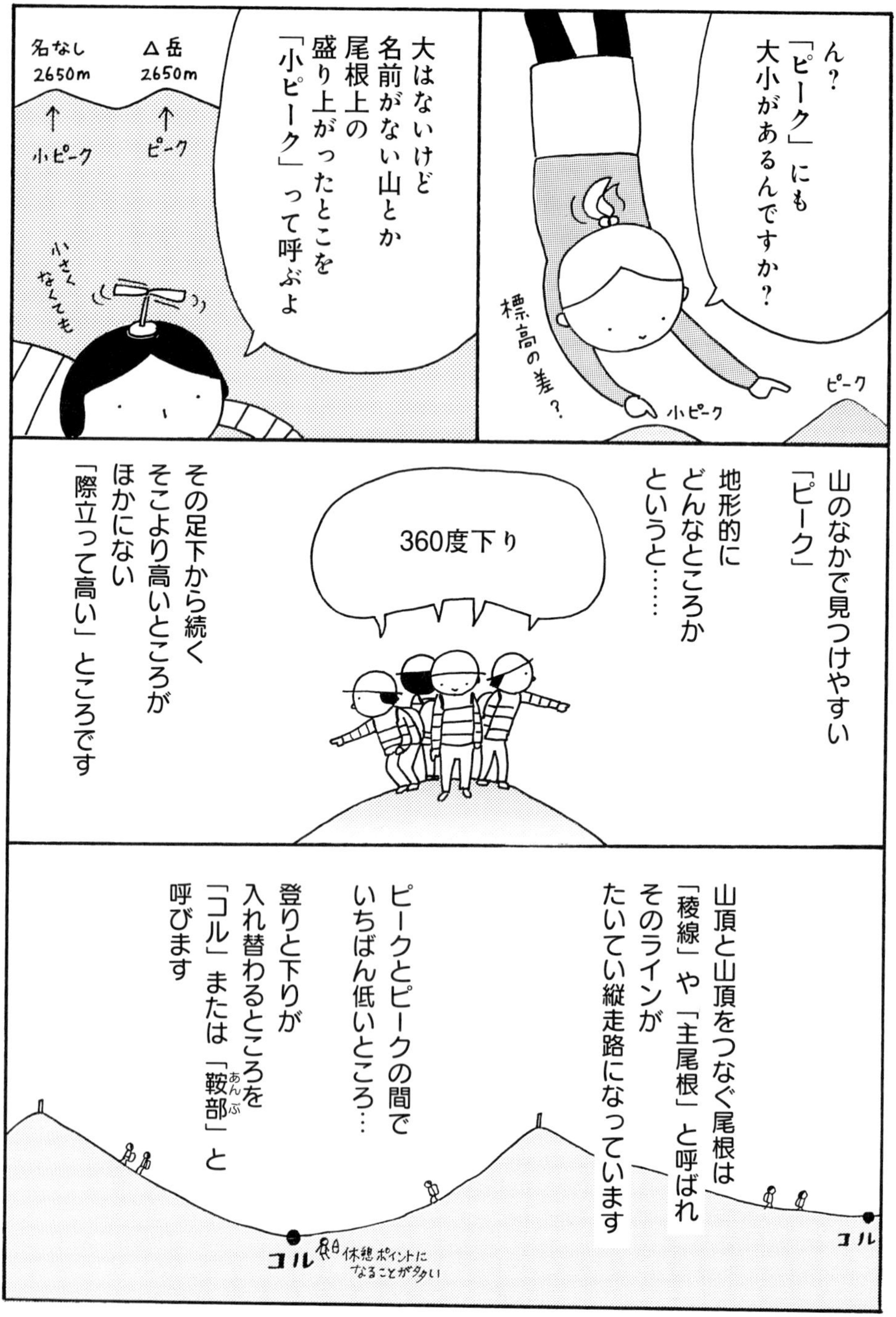
ん？
「ピーク」にも大小があるんですか？
標高の差？
ピーク
小ピーク
大はないけど名前がない山とか尾根上の盛り上がったとこを「小ピーク」って呼ぶよ
名なし
2650m
△岳
2650m
小ピーク
ピーク
小さくなくても
山のなかで見つけやすい「ピーク」
地形的にどんなところかというと……
360度下り
その足下から続くそこより高いところがほかにない「際立って高い」ところです
山頂と山頂をつなぐ尾根は「稜線」や「主尾根」と呼ばれそのラインがたいてい縦走路になっています
ピークとピークの間でいちばん低いところ…
登りと下りが入れ替わるところを「コル」または「鞍部《あんぶ》」と呼びます
コル
休憩ポイントになることが多い
コル

「キレット」も
「コル」では？
キレット
キレット
コル
そうだね
「コル」のなかでも
通過に注意が必要な
「切れ落ちたコル」だから
登山用語としては
使い分けているん
だろうね
これだって
小ピークと
いえるよ
山の上のほうは
わかりやすいな
下のほうは
森だったりして
今まで地形を意識した
ことないような気が…
でも　あと
２つしかないから
なにがですか？
覚えてほしい
山の地形
ほへ～
おしい!!

浸食の作用はほかにもあります

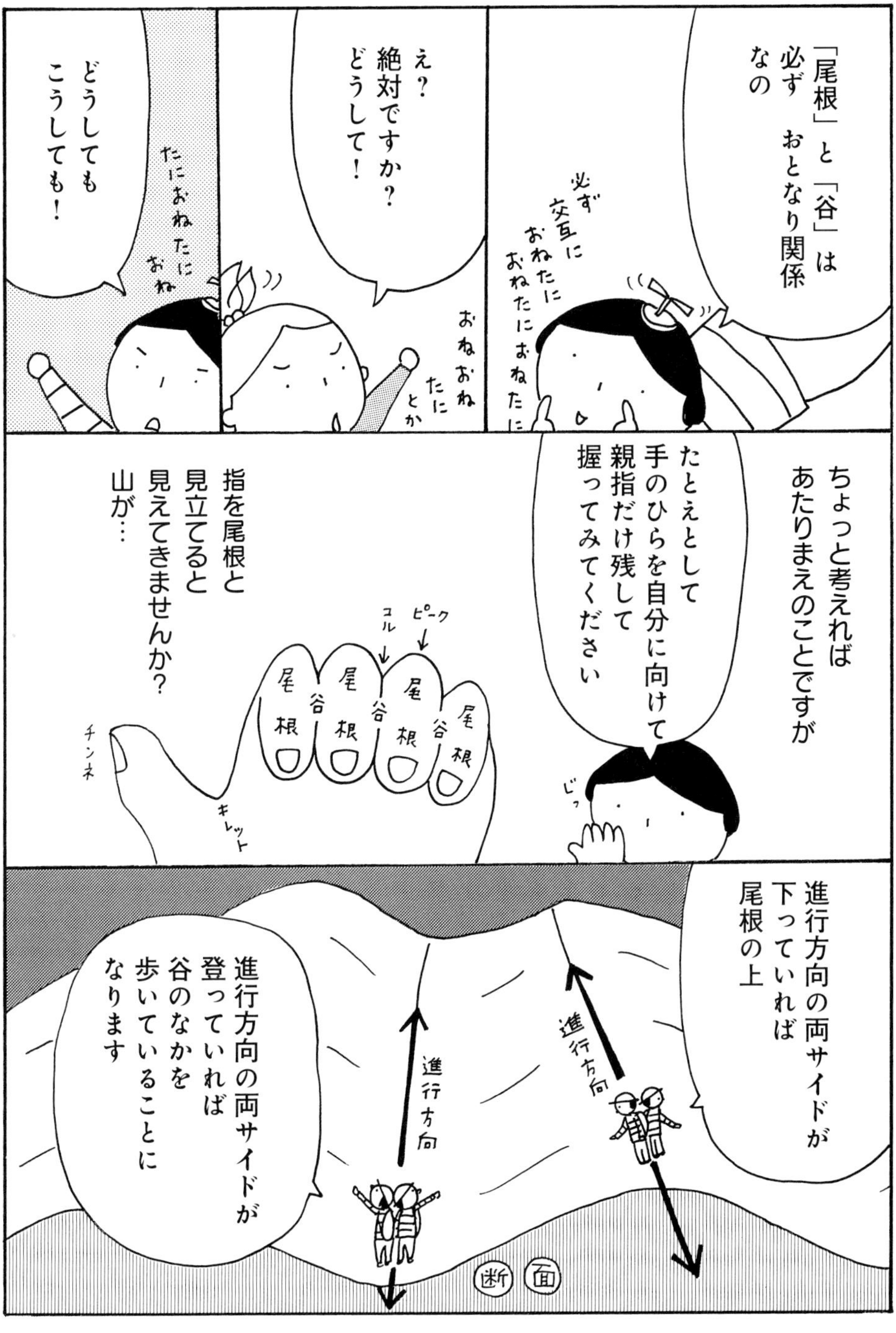

※チンネ……大きな岩壁を持つ尖峰《せんぽう》

山の地形は この3つがキホン
ピーク
尾根
谷
それが どんな尾根か どんな谷か 山頂か そんなことが 地図からわかっちゃう わけ！
すごくない？
この「山の地形の決まりごと」を 知っているだけでも 山のなかで 今 自分がどんな地形の 上を歩いているか 想像できるよね！
こーで あーで それで
ウフフフフ
あとは… こんなふうに歩いたら こんな地形…あ 景色？ が見えるんじゃ ないかなあって 妄想したりさ！
ちょっと まだ その域には…
登山ってさぁ 地形を歩くって ことなんだよね！
サイコー
あっ
あれ!? どこ行った？

読図に必須のコンパス
地図をおもしろく楽しむにはコンパスが必要です
コンパスのない地図はアプリの入っていないスマートフォンです
地図のないコンパスは〜?
えーっとただ　北を指すやつです
ごめんコンパス悪口ではない
使い方がわからないコンパスは…
ヒップホップな首飾りですYO!
まあ　とにかくコンパスを用意していただきたいんです
「コンパス」「方位磁針」「羅針盤」……いろいろな呼び方があり形態もさまざま
これではない

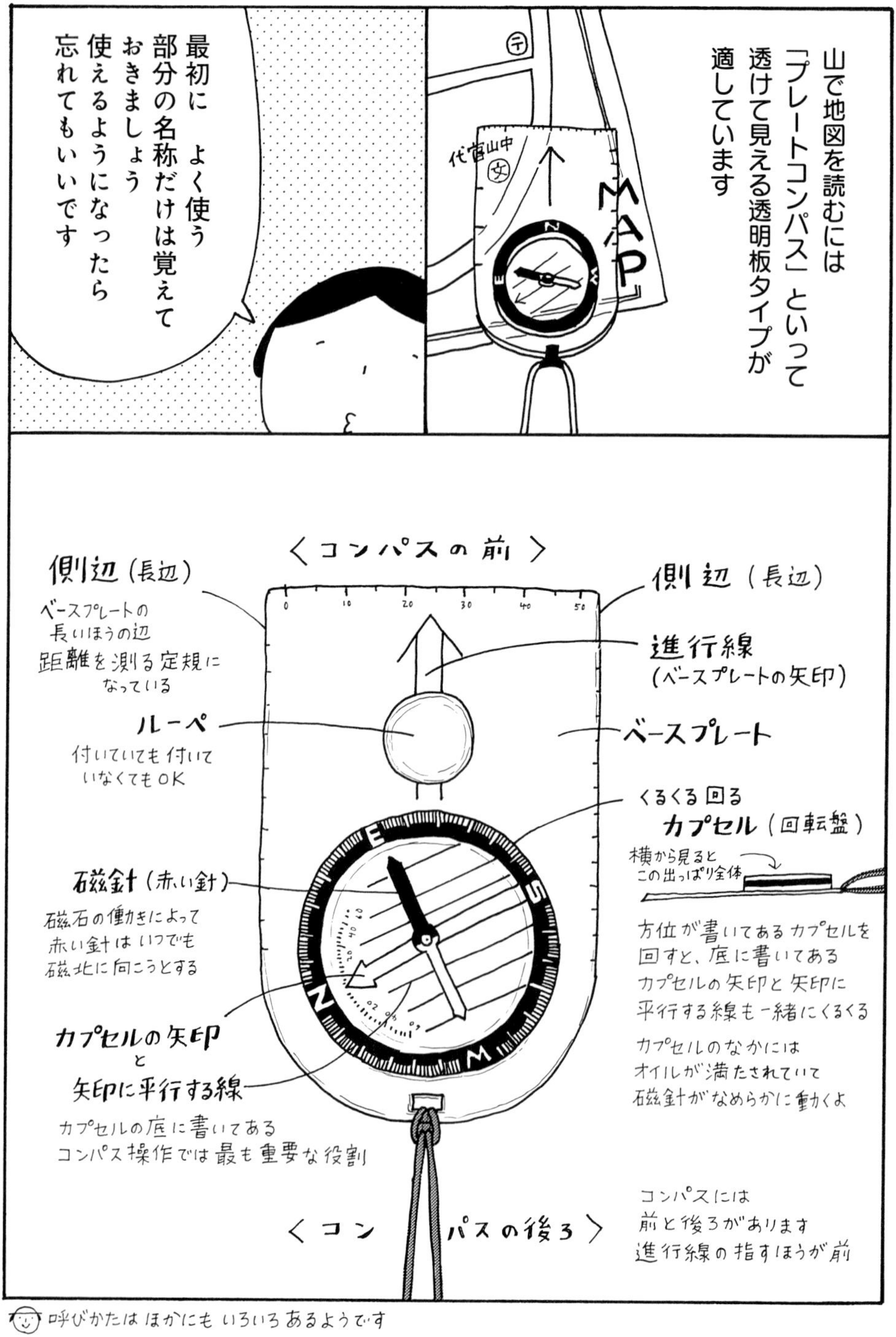
山で地図を読むには「プレートコンパス」といって透けて見える透明板タイプが適しています
代官山中
MAP
最初に よく使う部分の名称だけは覚えておきましょう 使えるようになったら忘れてもいいです
〈コンパスの前〉
側辺（長辺）
ベースプレートの長いほうの辺
距離を測る定規になっている
側辺（長辺）
進行線
（ベースプレートの矢印）
ルーペ
付いていても付いていなくてもOK
ベースプレート
くるくる回る
カプセル（回転盤）
横から見るとこの出っぱり全体
磁針（赤い針）
磁石の働きによって赤い針はいつでも磁北に向こうとする
方位が書いてあるカプセルを回すと、底に書いてあるカプセルの矢印と矢印に平行する線も一緒にくるくる
カプセルのなかにはオイルが満たされていて磁針がなめらかに動くよ
カプセルの矢印
と
矢印に平行する線
カプセルの底に書いてあるコンパス操作では最も重要な役割
コンパスには前と後ろがあります
進行線の指すほうが前
〈コンパスの後ろ〉

呼びかたはほかにもいろいろあるようです

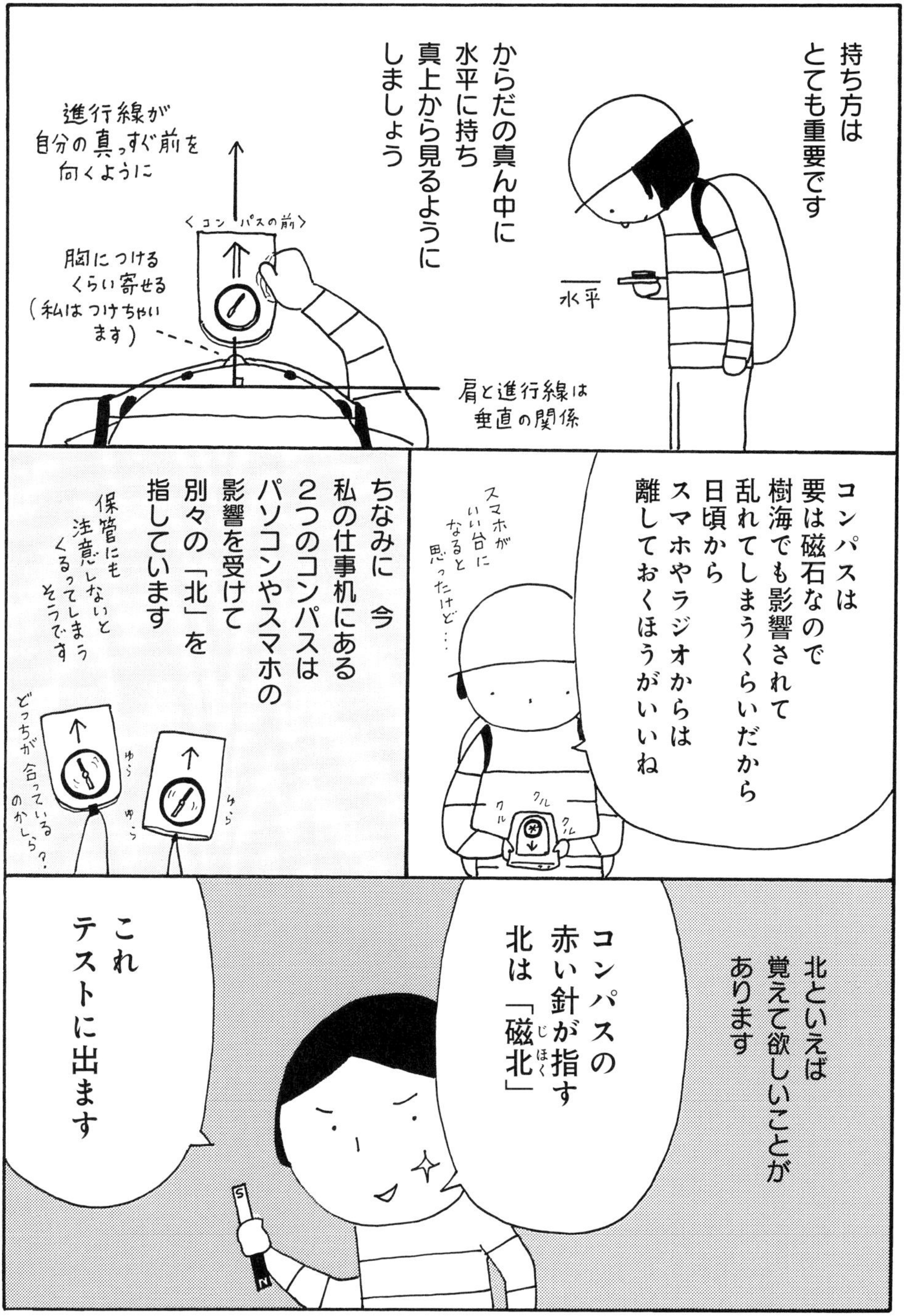

持ち方は
とても重要です
からだの真ん中に
水平に持ち
真上から見るように
しましょう
水平
進行線が
自分の真っすぐ前を
向くように
<コンパスの前>
胸につける
くらい寄せる
（私はつけちゃい
ます）
肩と進行線は
垂直の関係
コンパスは
要は磁石なので
樹海でも影響されて
乱れてしまうくらいだから
日頃から
スマホやラジオからは
離しておくほうがいいね
スマホが
いい台に
なると
思ったけど…
クル
クル
クル
クル
ちなみに 今
私の仕事机にある
2つのコンパスは
パソコンやスマホの
影響を受けて
別々の「北」を
指しています
保管にも
注意しないと
くるってしまう
そうです
ゆら
ゆら
ゆら
どっちが合っているのかしら？
北といえば
覚えて欲しいことが
あります
コンパスの
赤い針が指す
北は「磁北《じほく》」
これ
テストに出ます

あ ちょっと
思考回路が
止まりました？
厳密に説明すると
かえって混迷するので
しませんが
磁針が指す北は
北極点とは別なんです
なぜなら地球が巨大な磁石だから！
北極点
真北
磁北
(カナダのどっか)
S
N
磁南
真南
南極点
ここでは
その事実だけを覚えて
おいてもらえたら
いいです
なぜだか知りたい人はググってみてね
うっ、強力
ルック ルック
ルック
リピート
アフタ ミ〜
コンパスは
磁北を指す
磁北

私も　登山を始めたころは
「装備リスト」にならって
コンパスも持ってはいましたが
使途不明装備でした
あっちが北か…
で　それがわかって
どうすれば
いいの？
おそらく　この本を
手にした方の多くは
「コンパスは東西南北を
知るために持っていく」と
思っているのでは
ないでしょうか
それはもちろん
コンパスの
最大の機能ですが
――
地図と一緒に使えば
この機能を利用して
「あること」が
できるんです
地図のある
コンパスは
ナビです
乞うご期待！

読図のキーワード「現在地を知る」
どうして「読図」をしたいと思ったの？
道に迷ったときにできたほうがいいかなあと思うんですけど…
ほとんどの登山者はそう思っているはずです
でも残念ながら地図ってのは「現在地」がわからないとあまり役に立たないんだ
たとえば 広いショッピングモールで行きたいお店があっても
私がどこ？
SHOPPING MAP
自分がどこにいるかわからないとどっちに進めばいいのかさえ見当がつきません
ナイギ
アデダス
SALE 40-80%
ブツ
ブツ
えっと…あそこがあの店でとなりはあそこで…
あ！ここだ！
だったらここを右に行けばいいか
SHOPPING MAP

これ まさに「読図」
実際の景色を 地図に落とし込んで 現在地を把握する
え…っと
アデダスも ナイギも ない…
でも これが 山のなかだったら どうでしょう?
ヒントとなる景色は 周りの地形くらいしか ないのです
あ 山頂が ある!
でも なんて山か 山のどっちにいるかも わかんない…
どよーん
山の地形は 似たような景色が多く 樹木だらけなので ショッピングモールの ようなわけにはいきません
そこに「読図」の知識が あるのとないのでは 雲泥の差! …ですが 万が一のときにだけ 頼るというとなると ……

1つだけはっきり言わせてください
コホン
道に迷う人が迷ってから地図を広げたって遅いんです
「登山道で迷わないため」に読図の知識を活用するには――
とにかく「現在地」がキーワードです
現在地が常にわかっていたら迷いません
いまここ、次はここだ!
ノース
私は気が小さいわりに単独行が多かったのでしょっちゅう地図を確認するクセがついてしまいました
おかげでか登山歴も長くなってきましたが大きな道迷いは一度もありません
かれこれ17年くらいありがたやー
しょっちゅう見てるのに小さいのはたまにあるから恐ろしい
ううっ…おはずかしい

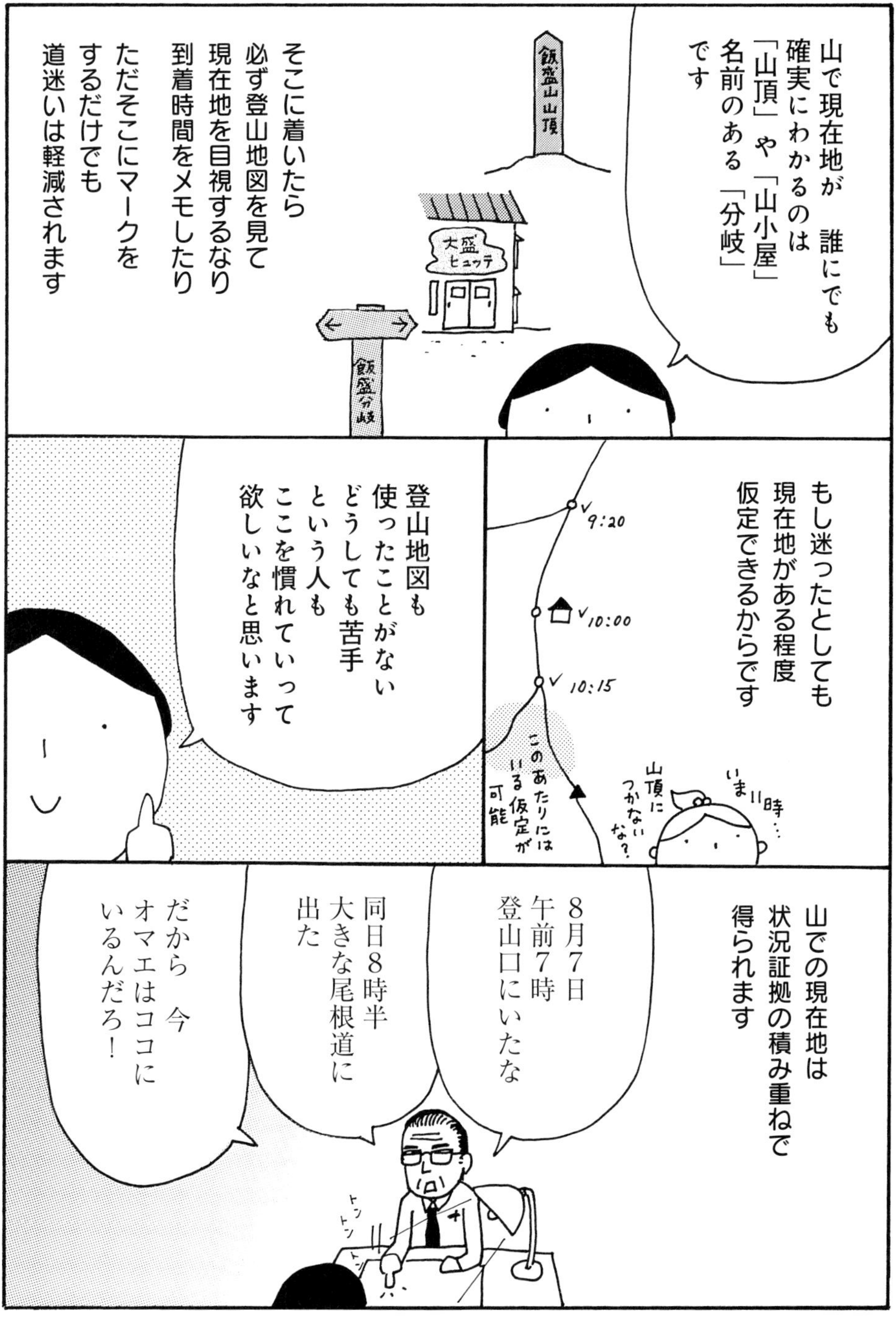

山で現在地が 誰にでも確実にわかるのは「山頂」や「山小屋」名前のある「分岐」です
飯盛山山頂
大盛ヒュッテ
飯盛分岐
そこに着いたら必ず登山地図を見て現在地を目視するなり到着時間をメモしたりただそこにマークをするだけでも道迷いは軽減されます
もし迷ったとしても現在地がある程度仮定できるからです
9:20
10:00
10:15
このあたりにはいる仮定が可能
山頂につかないな?
いま11時…
登山地図も使ったことがないどうしても苦手という人もここを慣れていって欲しいなと思います
山での現在地は状況証拠の積み重ねで得られます
8月7日午前7時登山口にいたな
同日8時半大きな尾根道に出た
だから 今オマエはココにいるんだろ!
トントントン

ってことはもうすぐ山頂だ～～♪
自分のなかに「ログ刑事《デカ》」を育てましょう
0905 分岐を左へ…
メモメモ
視野を広げてみれば読図は「遭難」「道迷い」など危機管理だけに活用するのではありません
読図が好きな人は突き詰めると地形が好きな人です
家でわくわく机上系
この先に大きな谷が入ってきてそのあと尾根が崖が窪地《くぼち》が～～
フゥ～
ハァハァ
現地でわくわく検証系
ほらーやっぱりそうだん？ この谷は省略されてるな
フッフッフッ
国土地理院におしえよう
現地でわくわく照合系などなど――
えーこの地形ってこんなふうに描かれるのー!?
きれいかっこいい地図のまんまー

ハマると深いので少々マニアックな世界だと感じられてしまうのかもしれません
自分のヲタクっぽさ否めません
でも　最近では「ロゲイニング」といってグループで読図をしながらチェックポイントをいかに速く回れるかなんて明るいスポーツも人気があるんですよ
発見！チェックポイント～
あってた！
GPSの普及によって読図の必要性が薄れていきそうでもありますが「地図のキホン」は変わりません
登山においてはなくなることはないと思います
GPSで見るのもベースは地形図ですしね
地図は慣れるのがいちばんわからなくても　地図をどんどん見ましょう
ちずっ
ちずっ
ちずっ
見ているうちに今まで気づかなかった山の楽しさも読めてくるかもしれませんよ

COLUMN 2 地図好きスズキの地図の思い出

SCENE 1

地下鉄に
乗りながら
ムフフ

東京に住んでいるときはほぼ毎日のように地下鉄を利用していました。今のようにスマホで地図の見れなかった時代、多くの勤め人のバッグにはいつも23区ポケット地図が入っていたものです。車内でヒマを持て余すと私はポケット地図で今どこを走っているのか眺めるのが好きでした。景色のない地下鉄の車窓ですが、地図を見れば昭和通りや銀座通りなどの東京の目抜き通りや国会議事堂の敷地内、青山墓地の地下を通過していくのです。そんなところの地下にいるなんて、この車内の誰も思ってないだろうな……と、ひとりにやけて楽しんでおりました。よかったら一度お試しあれ。

?
フフフ

SCENE 2

地図を回す女、
地図を回る女

スマホを持っていなかった私がタブレットを購入。憧れはカーナビのように現在地のわかる地図アプリでした。そのチャンスはすぐにやってきます。場所は打ち合わせで訪れた赤坂。地下鉄から駆けあがると重量感のあるビル群と高速道路が空をふさいでいました。ビルの名前はわかっていてもビルが近くて大きくてどれだかわかりません。そう、今こそタブレット！と初めてアプリを起動させると速やかに現在地にポイントが立ちました。なんたる文明の利器……と思ったのもつかの間、ポケット地図同様に進行方向にタブレットを回すと、ご親切に画面が元に戻って回る。回しても回しても回る。挙句、私がタブレットの周りを回るというお粗末なタブレットデビューでした。(その後、初めて覚えた操作は画面の固定でした)

まっまわらないぞ!

SCENE 3

世界の
登山地図に
見る文化

海外に行くと現地で地図を買うのが趣味です。スイス、アメリカ、ネパールと登山(トレッキング)地図を見比べると地図記号だけでも差があって面白いものです。スイスは山岳鉄道などの交通網が発達しているので、鉄道のほか、ゴンドラ、ケーブルカーをはじめ、リフトだけでも2種類という索道だらけ。アメリカのトレイル(登山道)は整備が行き届き国道のように番号がついているので、まるで道路地図を見ているようです。偏角も大きいのでコンパスマークもわかりやすく大きく表記されます。ネパールでは生活道が登山道として使われるので山のなかに学校や郵便局、僧院に仏塔なんてマークが見られます。さらに世界中からハイカーがやってくるので表記も7か国語というインターナショナルぶり。地図はその国の文化も読めるんですね。

▲ Peak
Gipfel
Picco
Le Sommet
Cima
ちょうじょう[頂上]
ピークの地図記号は万国共通かも?

ネパールの地図から引用

第2章
登山地図を読んでみよう！

※架空の「鈴木山」で説明します

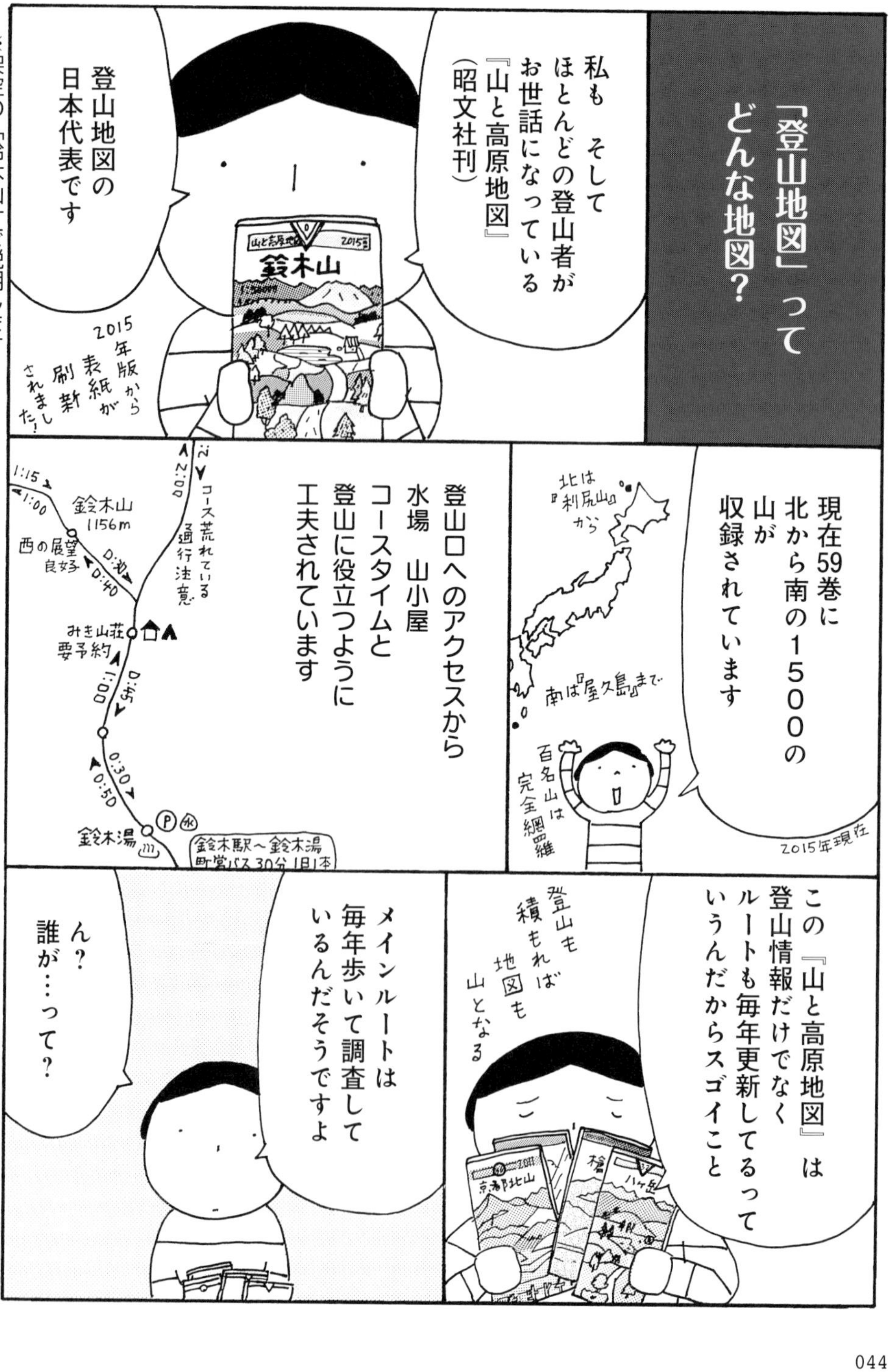

ほら　ここに書いてありますよ
2015年版
鈴木山
1:50000
調査執筆/鈴木みき
調査&執筆は各山域に強い山岳会の方とか山岳ライターやカメラマンの方などが担当しています
あら！鈴木さんじゃない！
あー！カメラマンの○○さん
きょうも撮影ですか？
登山をよく知った方がつくっているから解説やアドバイスにリアリティーがあるんですよね
いやーきょうは山と高原地図よー
わーよろしくお願いします
まるで地図からその山への愛も読めるようですよ～
その山域によって書かれることの雰囲気が違うのも『山と高原地図』のおもしろさです
南アルプスは書いてあることも玄人っぽい
北アルプスには老若男女大勢が訪れる責任感を感じる
低山には地味なこだわりが出ている
執筆者とその山って似てるんじゃないかしら？

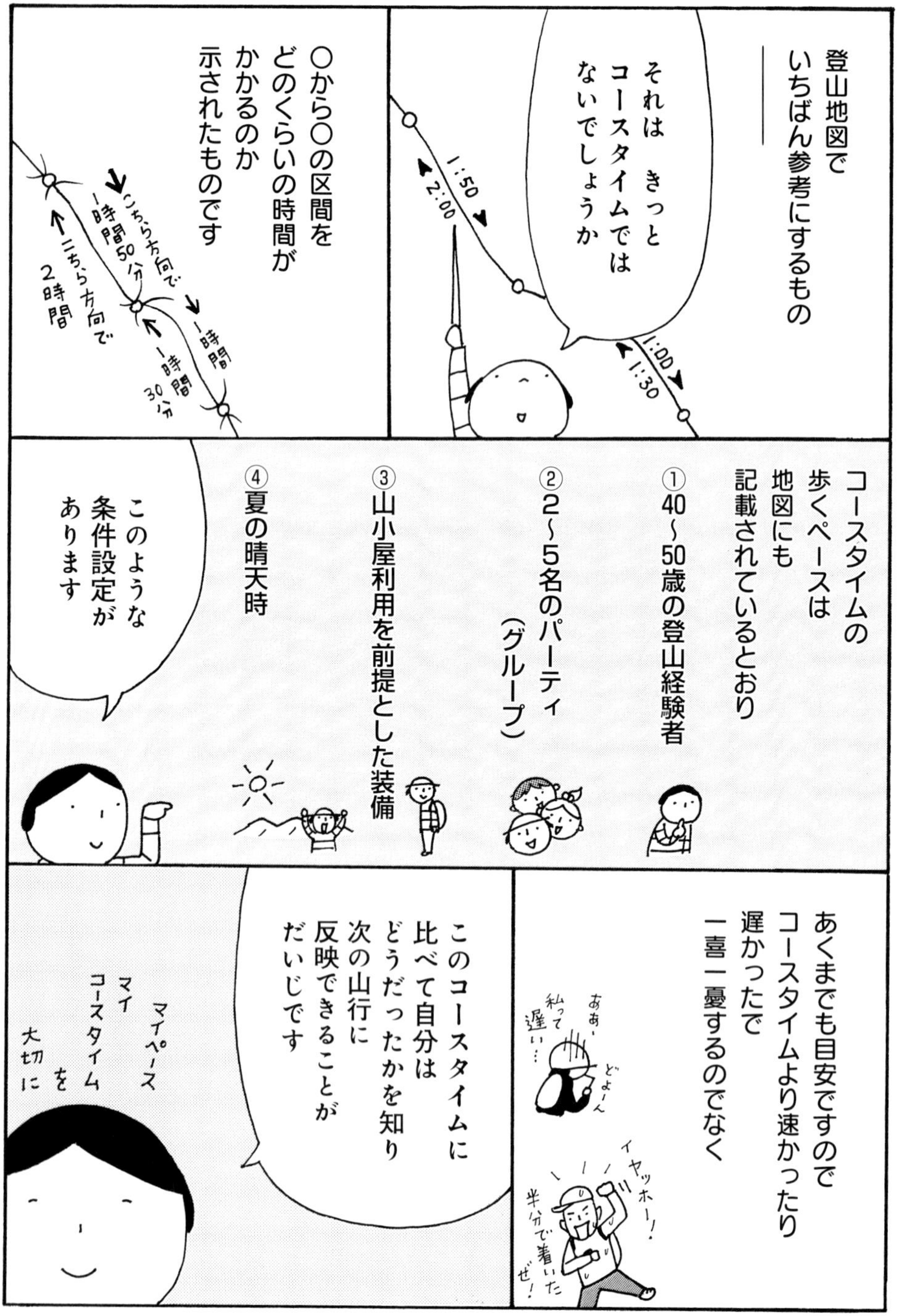
登山地図で
いちばん参考にするもの
――
それは きっと
コースタイムでは
ないでしょうか
1:50
2:00
1:00
1:30
○から○の区間を
どのくらいの時間が
かかるのか
示されたものです
こちら方向で
1時間50分
こちら方向で
2時間
1時間
1時間
30分
コースタイムの
歩くペースは
地図にも
記載されているとおり
①40～50歳の登山経験者
②2～5名のパーティ
（グループ）
③山小屋利用を前提とした装備
④夏の晴天時
このような
条件設定が
あります
あくまでも目安ですので
コースタイムより速かったり
遅かったで
一喜一憂するのでなく
ああ 私って 遅い…
どよーん
イヤッホー！
半分で着いたぜ！
このコースタイムに
比べて自分は
どうだったかを知り
次の山行に
反映できることが
だいじです
マイペース
マイ
コースタイムを
大切に

私の場合は
ひとりのときは
コースタイムで
同行者がいるときは
1・2〜1・5倍くらいで
プランニングしてます
早く着いて困ることはないので 計画は余裕を持って
しかし
いつの間にか
コースタイムの設定年齢に
入っていたのが
なにげにショックです
あのころは 遠い先の話だと 思っていたのに…
コースタイムのほかでは
どこに山小屋があるか
水場があるか
なんてことに
よく使うのでは
ないでしょうか
「凡例」には
その地図で使用している
地図記号が載っています
『山と高原地図』で
よく見かける記号を
抜粋します
各社 地図によっても ちがうよ
水場
水を補給できる 可能性が高い場所 天候によっては枯れて しまうこともあるので 出かける前に情報 収集しておこう
温泉
温泉地、野湯を 含む 温泉の在処
日帰り入浴施設
登山者をわかってらっしゃる 昭文社さま！
通年営業の山小屋
一年中営業している 山小屋 八ヶ岳に多いよ
避難小屋など
管理人が駐在して いない無人の山小屋 ただ壁と屋根がある という建物が多い 当然、食事も寝具もない
営業期間のある山小屋
アルプスにある山小屋 に多い。初夏〜秋の 期間限定営業 ざっくりいうと 冬はお休 みする山小屋
キャンプ場・キャンプ適地
麓のキャンプ場も 含むが、山のなかに あれば テント指定地
お花畑
なにがしかのお花の 群生地 これも登山地図なら ではの記号で かわいい
登山コース (太い実線)
いわゆる一般登山道
登山コース(難路) (太い破線)
通称 破線道 は なにかが 難しい登山道。整備されて いないと 思ってよし

登山者にやさしい
登山地図ですが
地形を読むとなると
ちょっと…
老眼のせい?
サッ サッ
ウネウネした線を
使いたいとする
ならば…
山頂の～
ここは～
どうなっているのかしら～
よったり
文字情報で
けっこう隠れて
しまうんです
展望よし
休憩最適地
おにぎりが好ましい
1:30
急坂
つらかったら
休めばいい
もともと『山と高原地図』で
採用されている
地形図の縮尺は
5万分の1と分母大きめ
線が細かくって
うすくって
よく見えない
わ～
はなしたり
それで
いいんです
登山地図なん
ですから
すみません
特化した
地図で…
山と高原地図
でも
『山と高原地図』ほど
親切で人情味のある
地図はない!
いつも
ありがとう
山高地図!!
ガシャー

登山中に登山地図をザックに入れてしまっている人をよく見かけます
えっと 地図 地図…
たしか ここに…
これでは宝の持ち腐れ
もったいないわん
地図をすぐ取り出せるようにしておくことは登山のキホンでもあります
前に提げているポシェットに入れたり
ポケットに入れたり
マップケースなんてものもある
たびたび見るとなると畳んであるものをいちいち広げるのも面倒
ガサ
ガサ
私は 歩くコースが表面になるように折り畳んじゃいます
そしてそのままスライドイン
ストン

歩きながらもチラチラ見られて調子がいいです
チラッ
ちょっと見るのに毎度大げさな人もよく見かけます
えーーっと…
ビロ
ビロ
ビロ
きゃーー!
地図を見ない要因としてこんなストレスもあるかもしれません
ビュー
ベシッ
いやんもうー
そんな人は地図の収納方法を見直してみてくださいね
フー
そしてまた元通りにたたむ
あとガイド本の登山地図を使おうとしてまるっと一冊持ってくる人も…
23〜25ページだったな…
日帰りハイク100
二宮金次郎スタイル
おせっかいのようですが使うとこだけコピーしてくるってのはいかがでしょう?
重くないなら別にいいんですけどね

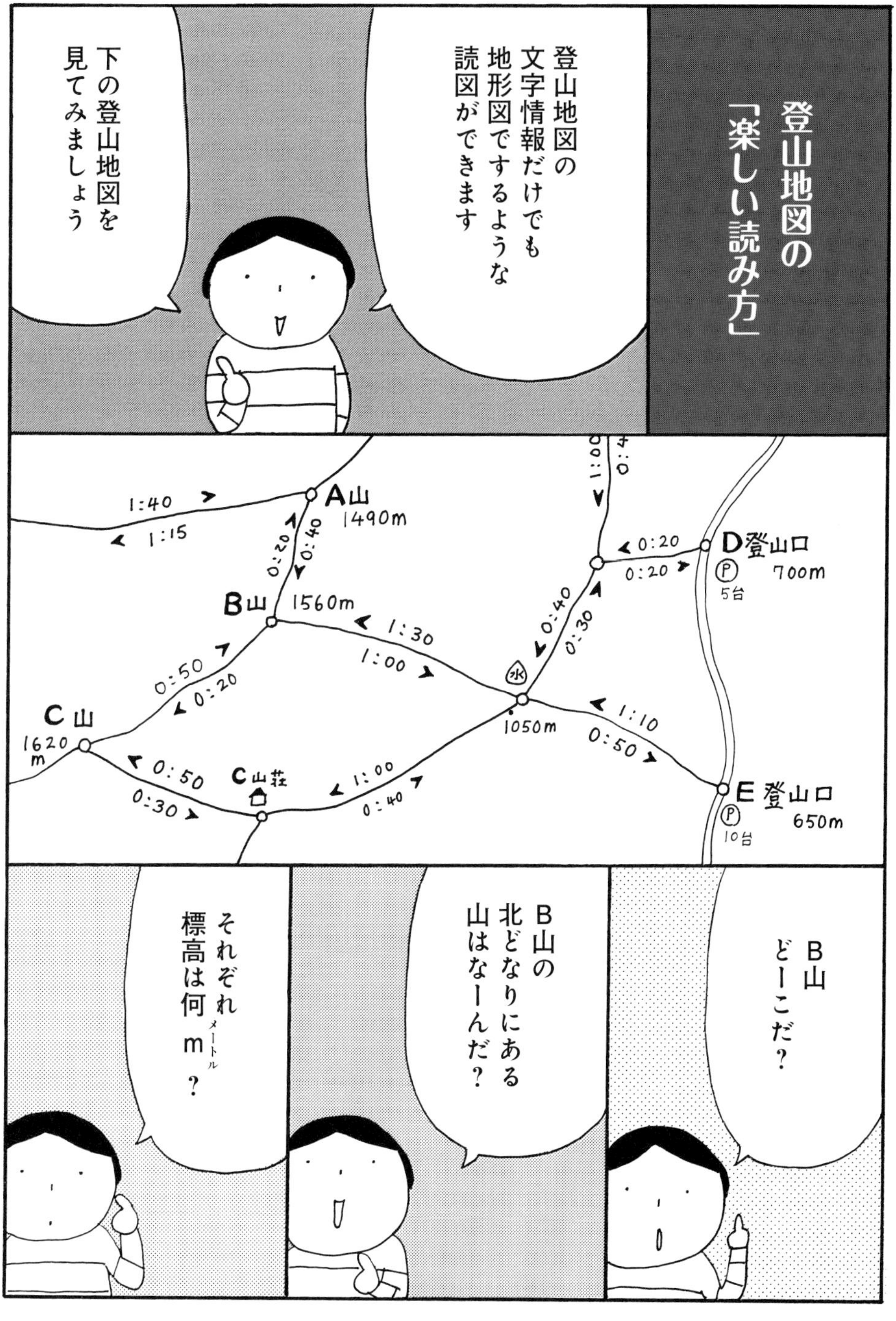

登山地図の「楽しい読み方」
登山地図の文字情報だけでも地形図でするような読図ができます
下の登山地図を見てみましょう
A山 1490m
B山 1560m
C山 1620m
C山荘
D登山口 700m
Ⓟ 5台
E登山口 650m
Ⓟ 10台
水
1050m
1:40
1:15
0:20
0:40
1:00
0:20
0:20
1:30
1:00
0:40
0:30
0:50
0:20
1:10
0:50
0:50
0:30
1:00
0:40
B山どーこだ？
B山の北どなりにある山はなーんだ？
それぞれ標高は何m《メートル》？

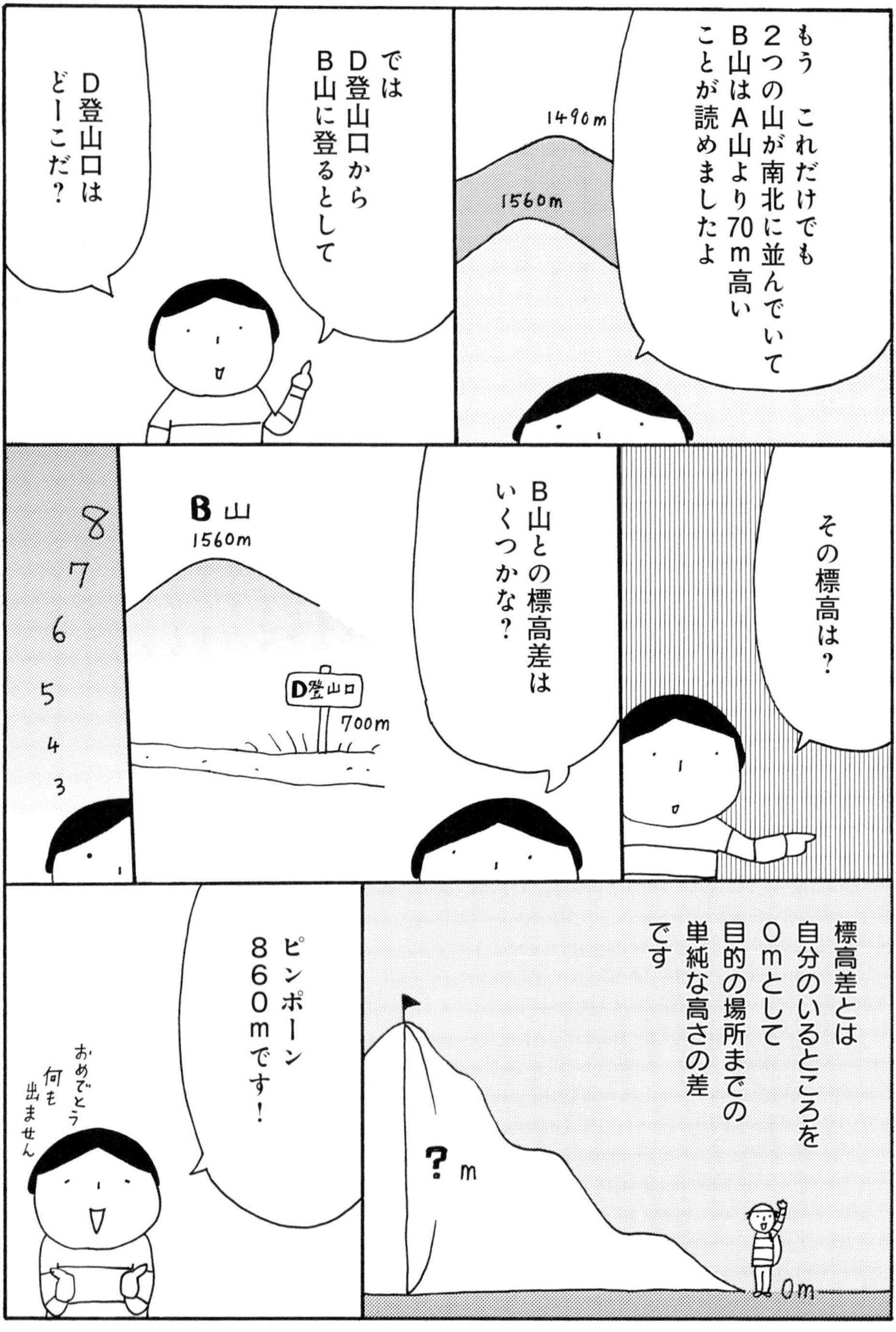

もう これだけでも 2つの山が南北に並んでいて B山はA山より70m高い ことが読めましたよ
1490m
1560m
では D登山口から B山に登るとして
D登山口は どーこだ?
その標高は?
B山との標高差は いくつかな?
B山
1560m
D登山口
700m
8
7
6
5
4
3
標高差とは 自分のいるところを 0mとして 目的の場所までの 単純な高さの差 です
?m
0m
ピンポーン 860mです!
おめでとう 何も 出ません

ということは
登山口から単純に
860mを登るって
ことが読めましたね
860m
では
コースタイムは?
B山までの
足し算してね
D登山口
B山
?
15
14
13
12
11
10
9
8
7
6
5
4
3
2時間30分
お見事!
ここまではいつも
計画時や山行中に
よくやっていることでは
ないかな
では 次は
コースタイムで
地形を想像して
みよう!
もし ここしか
見えていなかったら
どちらが登りの矢印か
わかりますか?
1:00
1:20
1:30
2:00
0:50
1:00
登りと下りで
コースタイムには
差ができるよね

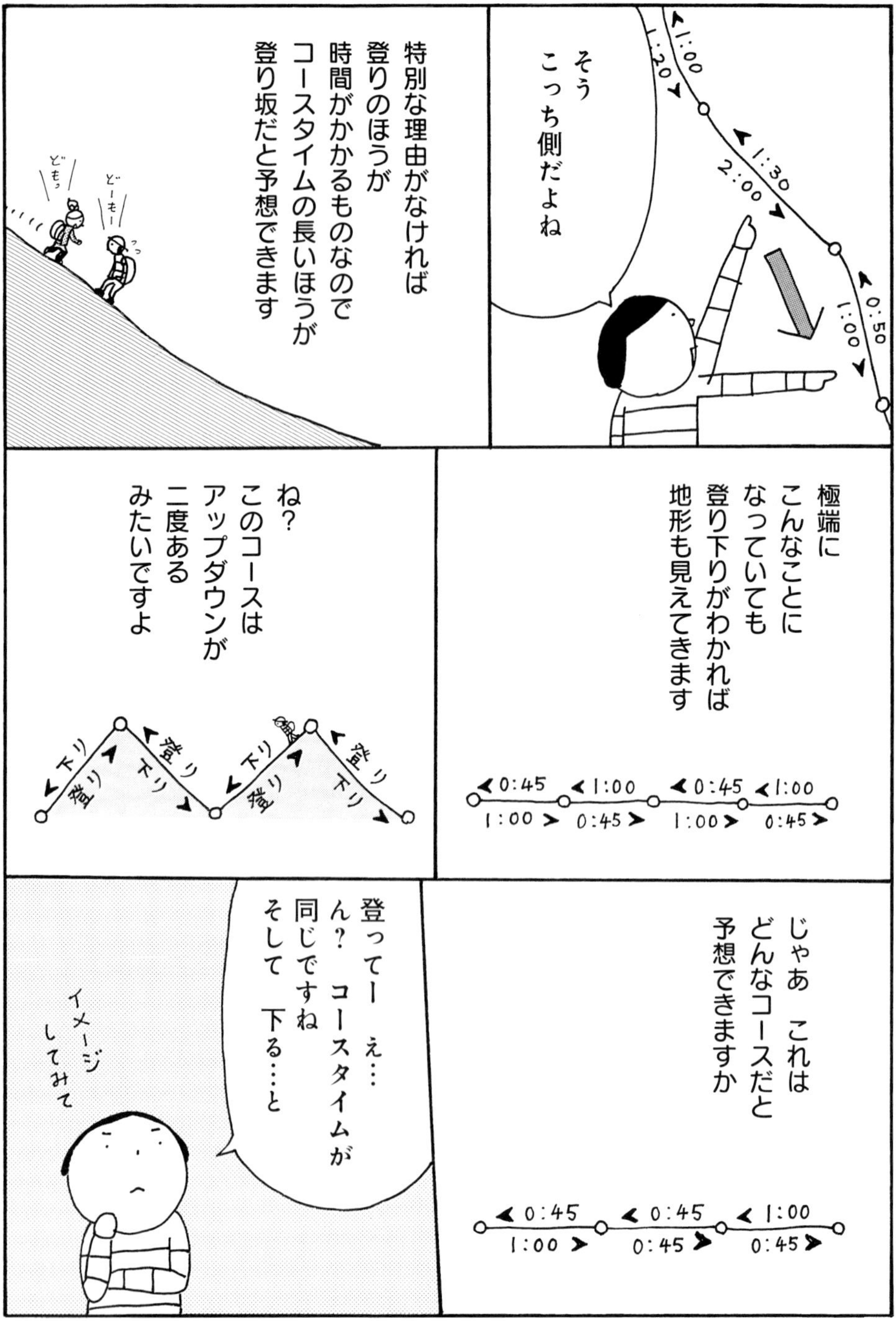

そう
こっち側だよね
1:00
1:20
1:30
2:00
0:50
1:00
特別な理由がなければ
登りのほうが
時間がかかるものなので
コースタイムの長いほうが
登り坂だと予想できます
どもっ
どーもー
極端に
こんなことに
なっていても
登り下りがわかれば
地形も見えてきます
0:45 1:00 0:45 1:00
1:00 0:45 1:00 0:45
ね？
このコースは
アップダウンが
二度ある
みたいですよ
下り 登り 登り 下り 下り 登り 登り 下り
じゃあ これは
どんなコースだと
予想できますか
0:45 0:45 1:00
1:00 0:45 0:45
登ってー え…
ん？ コースタイムが
同じですね
そして 下る…と
イメージ
してみて

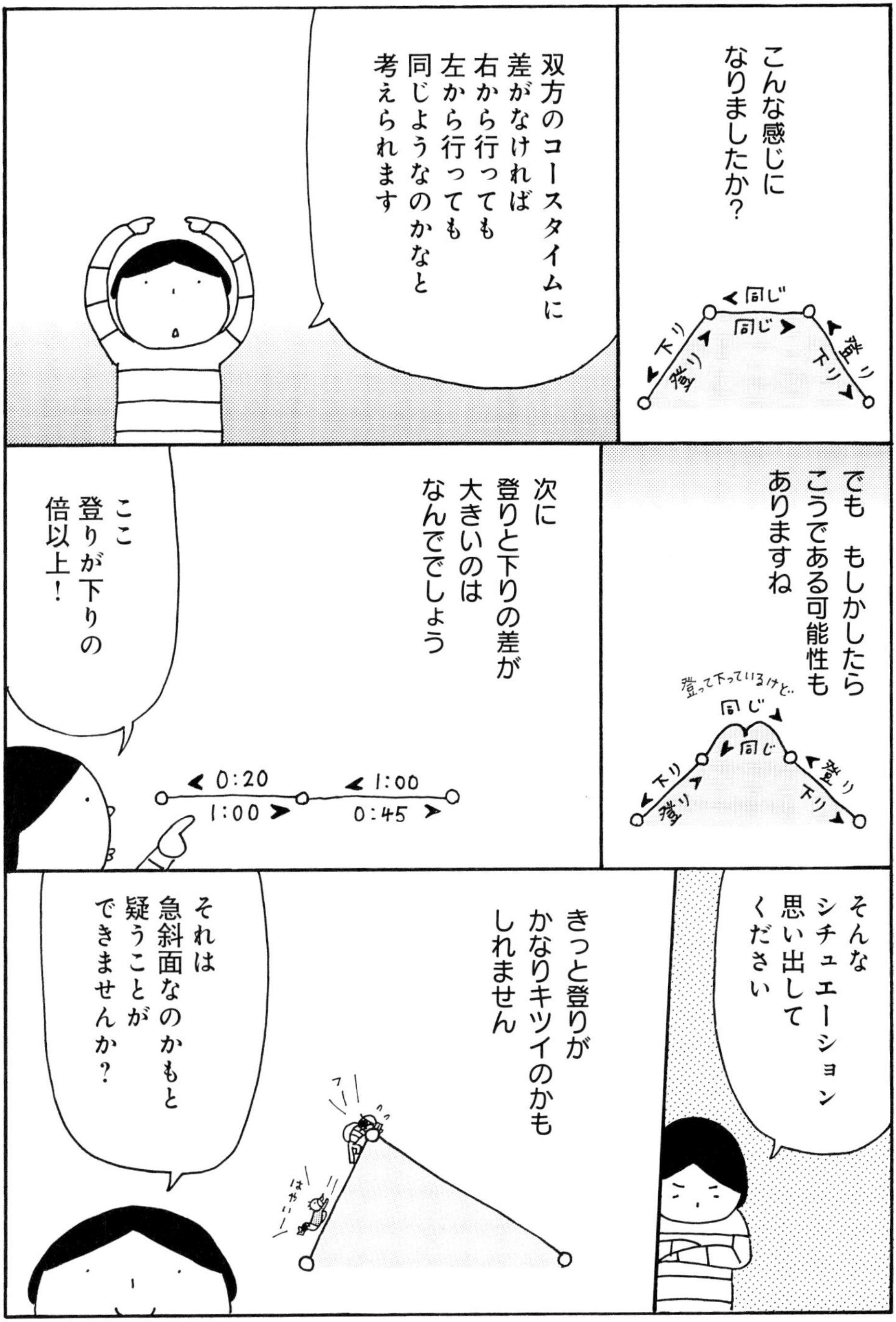
こんな感じに
なりましたか？
同じ
同じ
下り
登り
登り
下り
双方のコースタイムに
差がなければ
右から行っても
左から行っても
同じようなのかなと
考えられます
でも　もしかしたら
こうである可能性も
ありますね
登って下っているけど…
同じ
同じ
下り
登り
登り
下り
次に
登りと下りの差が
大きいのは
なんでしょう
ここ
登りが下りの
倍以上！
0:20
1:00
1:00
0:45
そんな
シチュエーション
思い出して
ください
きっと登りが
かなりキツイのかも
しれません
それは
急斜面なのかもと
疑うことが
できませんか？

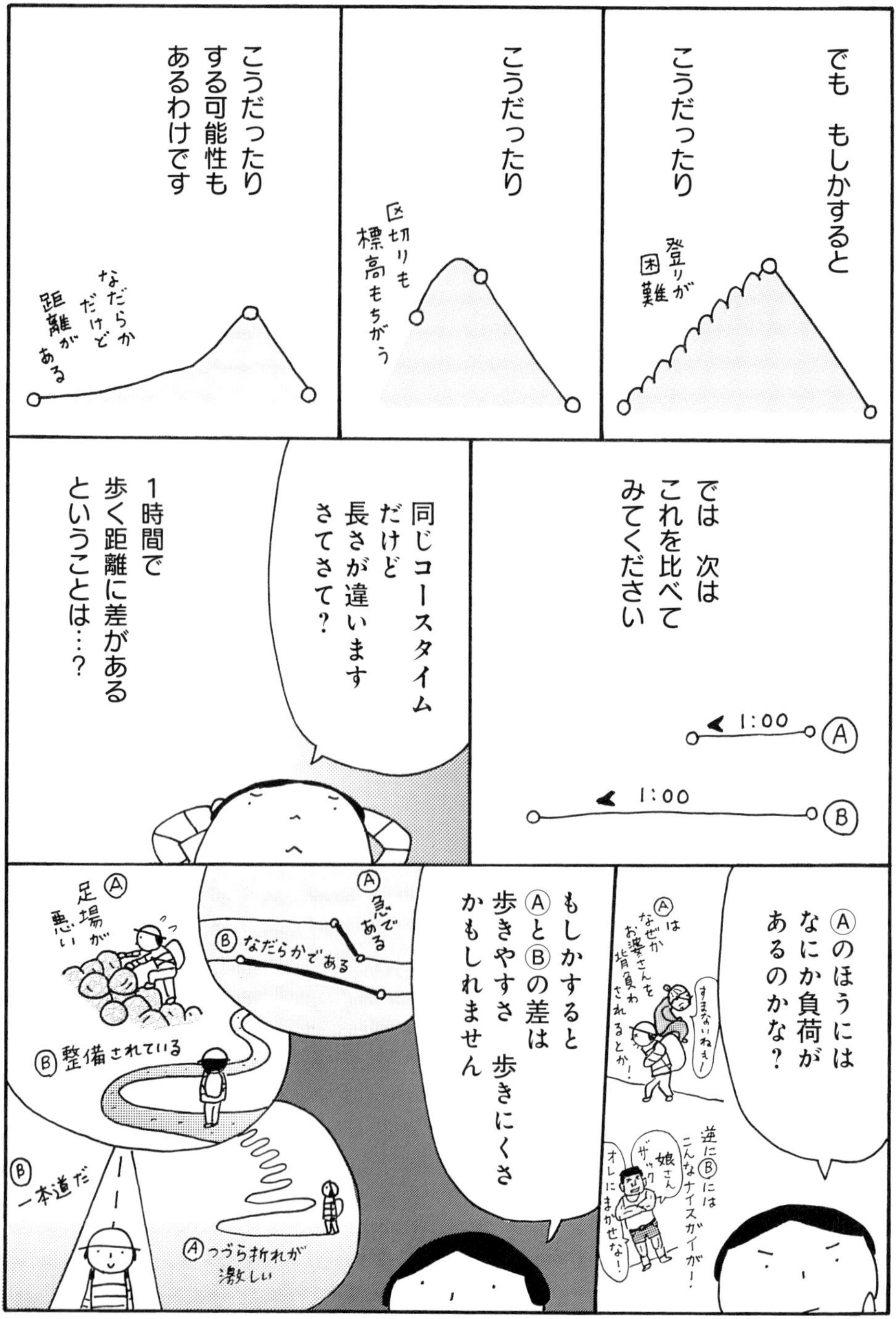

でも　もしかすると
こうだったり
登りが困難
こうだったり
区切りも標高もちがう
こうだったり
する可能性も
あるわけです
なだらかだけど距離がある
では　次は
これを比べて
みてください
1:00 Ⓐ
1:00 Ⓑ
同じコースタイム
だけど
長さが違います
さてさて？
1時間で
歩く距離に差がある
ということは…？
Ⓐのほうには
なにか負荷が
あるのかな？
Ⓐはなぜかお婆さんを背負わされるとか！
すまないねえ！
逆にⒷにはこんなナイスガイが！
娘さんザックオレにまかせな！
もしかすると
ⒶとⒷの差は
歩きやすさ　歩きにくさ
かもしれません
Ⓐ急である
Ⓑなだらかである
Ⓐ足場が悪い
Ⓑ整備されている
Ⓑ一本道だ
Ⓐつづら折れが激しい

このように細かくはわからないとしてもコースタイムからでも地形や難度の差を感じることができるのです
ハッ
コースタイムはなにかを物語っています
1:00
0:15
1:30
1:10
じっ
下りエスカレーターとかあるのか?
登山地図でも文字情報を組み合わせてコースの全体像を大きくとらえることができるんです
でも注意したいのはそのイメージを信じ込みすぎないこと
ここから次の○まで登り30分だ!
フム
フム
ここでお話ししたように登山地図の文字情報から予想できる地形はいろいろな可能性をはらんでいます
あれ? 下りになっちゃった
??
そのイメージを確認し確信に変えられるのが地形図とコンパスの役割なのです
まちがえたのかな…
?
ドキ
ドキ

COLUMN 3

地図の便利帖

IT 機器に疎い私ではありますが、web 上からもらえる情報には助けられています。スズキのおすすめサイトを紹介します！

国土地理院ホームページ

http://www.gsi.go.jp/

地図のことならなんでもござれ！　地形図、測量のことはもちろん、地震などの防災、月の地形図なんてのも閲覧できる日本の地図の中枢。

ようこそ電子地形図へ

http://dkgd.gsi.go.jp/dkgx/page1.htm

国土地理院発行の地形図はすべてデジタル化され、地形図はシームレスの時代に。自分の欲しい範囲を指定して購入するとダウンロードできるページ。そのうえ価格もリーズナブル。

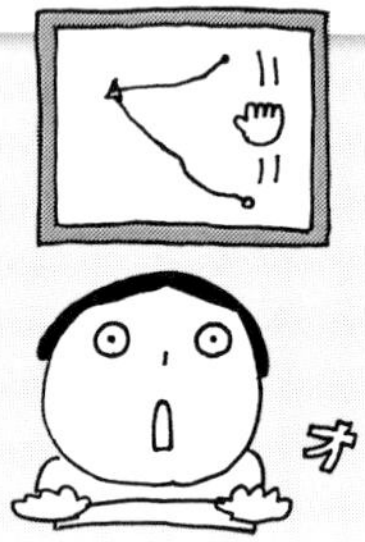

地図と測量の科学館

http://www.gsi.go.jp/MUSEUM/

つくばの国土地理院のおとなりにある科学館。地図の遍歴や測量の歴史など見応えたっぷり。しかも入場無料！

一般財団法人　日本地図センター

http://www.jmc.or.jp/

上記の電子地図も含めて国土地理院発行の地図の購入に関することはこちら。最寄りの地図センター検索や通販も可能。

Mapli.net マップリドットネット

http://www.mapli.net/

私でも簡単に操作できる素晴らしい 25000 図無料ダウンロードサイト。なんと磁北線も入れてくれるサービスぶり。磁北線の間隔を 1 km に設定するのがおすすめ。

マップショップ

http://www.mapshop.co.jp/

山岳立体地図やら地図関連の書籍、グッズまで、なにからなにまで地図好きの買い物天国！　眺めているだけで、私などは興奮して息が上がる。

YAMAP ヤマップ

http://yamap.co.jp/

地図をプリントアウトできるばかりでなく、スマートフォンでも見ることができる。会員間で山行記録などの共有もできる総合ツール。

第3章

地形図とコンパスを使ってみよう！

国の機関である国土地理院から発行されている地形図は
国土交通省 国土地理院
Geospatial Information Authority of Japan
Ministry of Land, Infrastructure, Transport an
つくばにあるよ
いってみれば国のオフィシャル地図
日本中が真上から見られます
道路地図やナビゲーションシステムそして登山地図もこの地形図がベースになっています
地形図にはいくつか縮尺サイズがあるのですが
登山に適しているのは2万5千分の1地形図
この本で語る地形図はこの2万5千分の1地形図で統一します
1:25000地形図
鈴木
MS-19-72-12-31

※架空の「鈴木」という地名で説明します

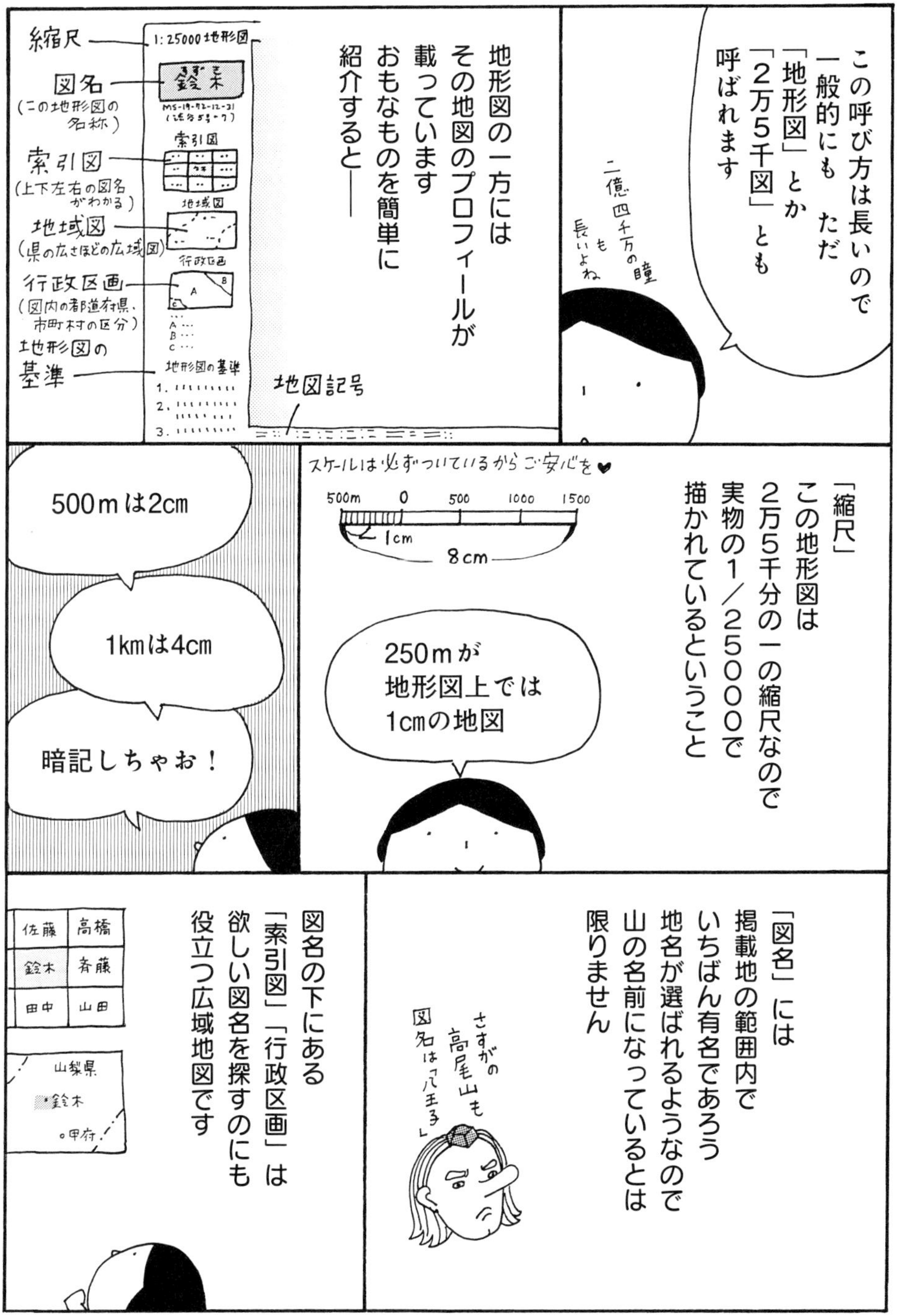

この呼び方は長いので一般的にも　ただ「地形図」とか「2万5千図」とも呼ばれます
二億四千万の瞳も長いよね
地形図の一方にはその地図のプロフィールが載っていますおもなものを簡単に紹介すると——
縮尺
1:25000地形図
図名
(この地形図の名称)
鈴木
索引図
(上下左右の図名がわかる)
索引図
地域図
(県の広さほどの広域図)
地域図
行政区画
(図内の都道府県、市町村の区分)
行政区画
A
B
C
地形図の基準
地形図の基準
1.
2.
3.
地図記号
「縮尺」この地形図は2万5千分の一の縮尺なので実物の1／25000で描かれているということ
スケールは必ずついているからご安心を♥
500m
0
500
1000
1500
1cm
8cm
250mが地形図上では1cmの地図
500mは2cm
1kmは4cm
暗記しちゃお！
「図名」には掲載地の範囲内でいちばん有名であろう地名が選ばれるようなので山の名前になっているとは限りません
さすがの高尾山も図名は「八王子」
図名の下にある「索引図」「行政区画」は欲しい図名を探すのにも役立つ広域地図です
佐藤
高橋
鈴木
斉藤
田中
山田
山梨県
鈴木
甲府

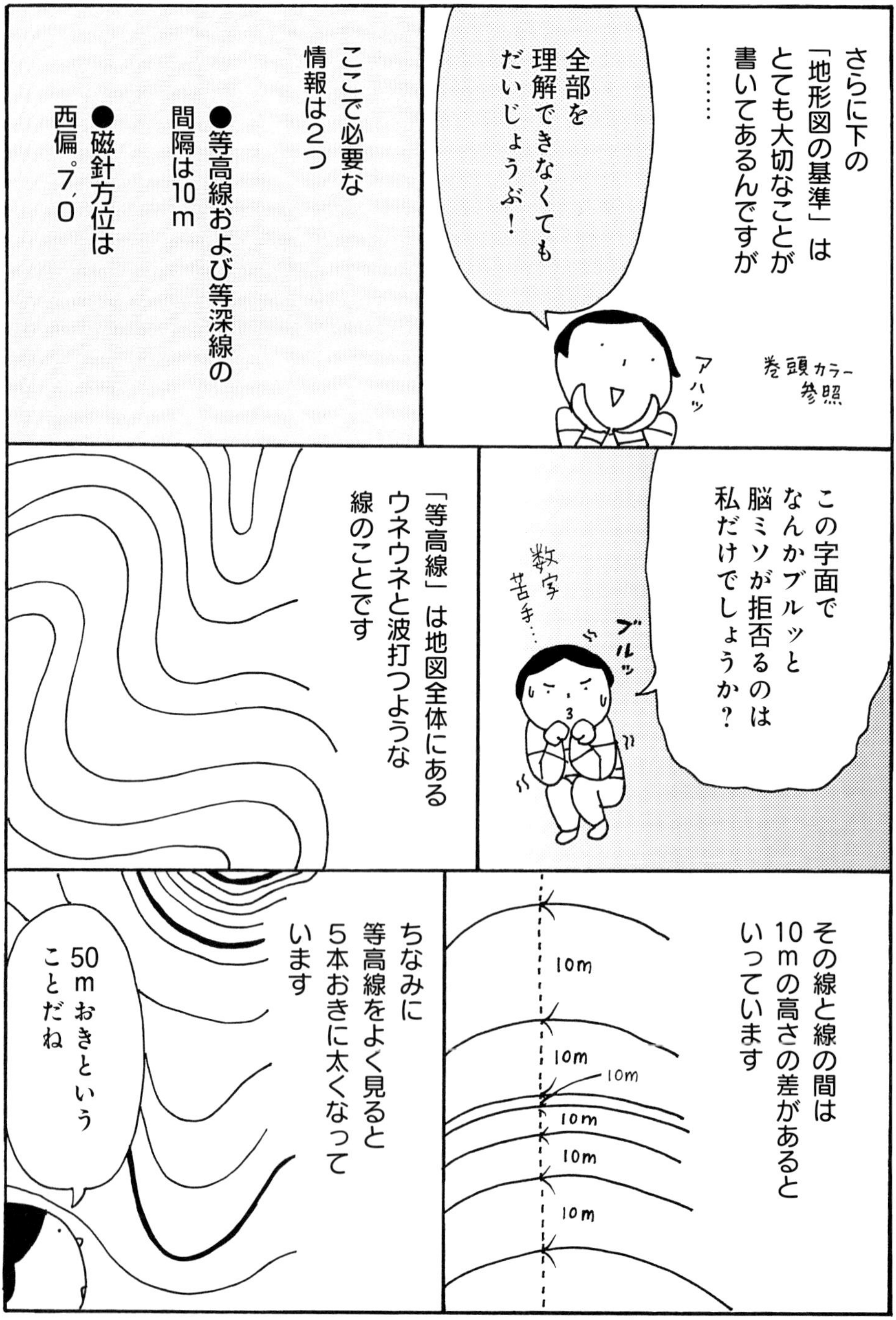
さらに下の「地形図の基準」はとても大切なことが書いてあるんですが……
全部を理解できなくてもだいじょうぶ！
アハッ
巻頭カラー参照
ここで必要な情報は2つ
●等高線および等深線の間隔は10m
●磁針方位は西偏7°0′
この字面でなんかブルッと脳ミソが拒否るのは私だけでしょうか？
数字苦手…
ブルッ
「等高線」は地図全体にあるウネウネと波打つような線のことです
その線と線の間は10mの高さの差があるといっています
10m
10m
10m
10m
10m
10m
ちなみに等高線をよく見ると5本おきに太くなっています
50mおきということだね

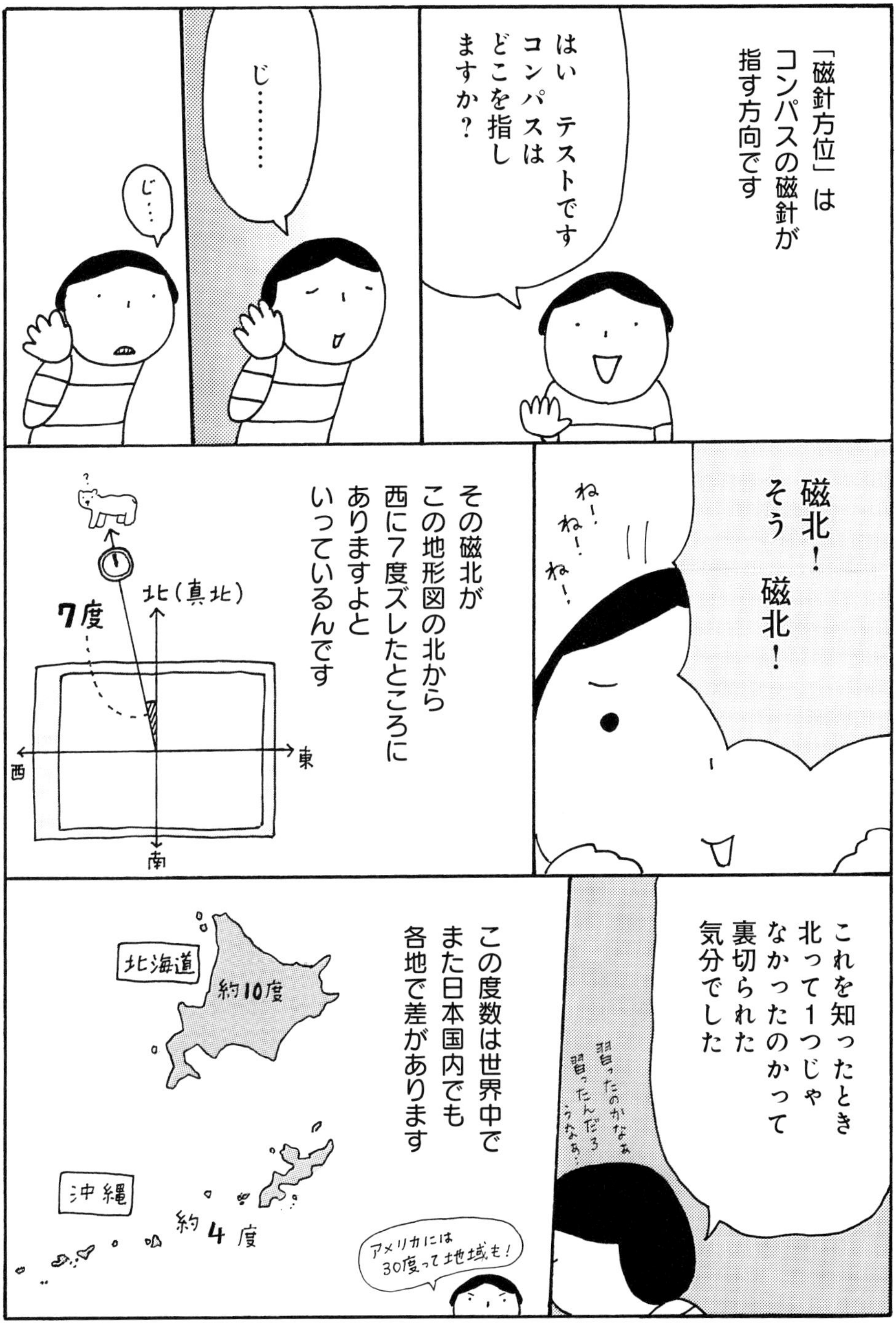

「磁針方位」は
コンパスの磁針が
指す方向です
はい　テストです
コンパスは
どこを指し
ますか？
じ………
じ…
磁北！
そう　磁北！
ね－！
ね－！
ね－！
その磁北が
この地形図の北から
西に7度ズレたところに
ありますよと
いっているんです
北（真北）
7度
西
東
南
これを知ったとき
北って1つじゃ
なかったのかって
裏切られた
気分でした
習ったのかなぁ
習ったんだろうなぁ
この度数は世界中で
また日本国内でも
各地で差があります
北海道
約10度
沖縄
約4度
アメリカには30度って地域も！

等高線と磁北は このあと また 詳しく説明しますね
10m…
7度…
おーい
厳密に理解しようとせず 事実として 覚えておくくらいで オーケーです
等高線 一本10m
磁北は ズレている
ぐー
地形図で使われる「地図記号」は なんと約170種
ですが 山のなかに 登場するものは 多くはありません
山関連で よくあるものを 選んでみました
道路
(道幅で記号がちがう)
国道レベル
県道レベル
すれちがえるレベル
ギリすれちがえるレベル
徒歩道
これが 登山道としても 使われる 記号
遊歩道も 難路も おんなじ
三角点
山頂にあることが 多いけど、必ず山頂 にあるわけではない
125 標高点
三角点のないピーク にあったりなかったり
滝
噴火口 噴気口
温泉
施設があるとは 限らない
広葉樹林
針葉樹林
ハイマツ帯
笹地
岩がけ
土がけ
岩
電波塔
送電線
(青) 湿地
(青) 万年雪
(茶) 砂れき地

意外と知られていませんが地形図は書店で購入できます
こんなかんじの事務用の引き出しに入っているよ
しかし小さな書店ではその地域のものしか扱っていないことが多いですね
お、我が家発見！
山岳地域のものは大型書店や山道具店または通信販売のほうが効率よく見つかります
A2サイズ1枚339円
奥さん、安いよ！
ババン
人気の山域は売り切れていることがあるので事前に問い合わせてから出向くのがベター
槍《やり》 穂高《ほだか》は売れちゃうよっ
バババン
地形図は登山者のためにつくられてはいないので1つの山行に向かうにも…
うーん歩くコースが3枚にまたがってしまった
ほんのちょっとかけちゃってるし…

3枚買うか…
しゃーない
なーんて時代から急速なデジタル化によりネット上では欲しい場所を中心にカスタマイズできるサービスが次々登場しています
無料でプリントアウトもできるサイトもあるっ
ワオ
あしたの山行に欲しい！近くに書店がない！なんてときほんとうに助かりますね
作ってくれた方天才でしょうね！
しかしPCの操作がイマイチ苦手な私はなるべくモノホン派
なぜ時代についていけないのだ？
使い始めてから自分に合う購入方法を見つけてください
まず1枚はモノホンの地形図を手にしてみては？
美しいですよ
さあ　次に行く山の地形図を用意しましょう！
登山地図もご一緒に！

「等高線」がわかる！
2万5千図での 1㎝は250mと 覚えました が 実際 山のなかで距離は ピン！ とはこないもの
少なくとも 私はピンとこない
うーん ここから 3㎞くらいで 山頂か！
3㎞？
直線距離が わかったところで 山は高速道路や 街中と違って 凸凹がとても 大きい場所
3km
実際に歩く 距離でいえば だいぶ長くなって しまいます
だから 登山では コースの長さや たいへんさを表すのに 「標高差」を使うことが 多いのです
オー エス オー エス
クー
3km
この山は 標高差300m かあ！
らくしょー
コース ガイド 50

「標高差」とは
単純にそこから
そこまでの高さが
何mあるかという
ことでしたね
300m
でも もし
こんな山でも…
同じ標高差…
300m
だまされたっ!
気がする!!
地形図が読めるよう
になると
「累積標高差」といって
トータルの標高差も
わかるようになります
A 200m登って
B 50m下って
C 150m登ると山頂
トータル 400mを
登ったり下ったりの
コース
D
C 150m
B 50m
A 200m
300m
D 単純な標高差
「累積標高差」が
「単純標高差」を上回るほど
たいへんそうなのが
目に浮かびます
いま山頂と
同じくらいの
高さなんだけど
なぁ…
下るのね
??
標高差を
知るのには
「等高線」の
出番です!

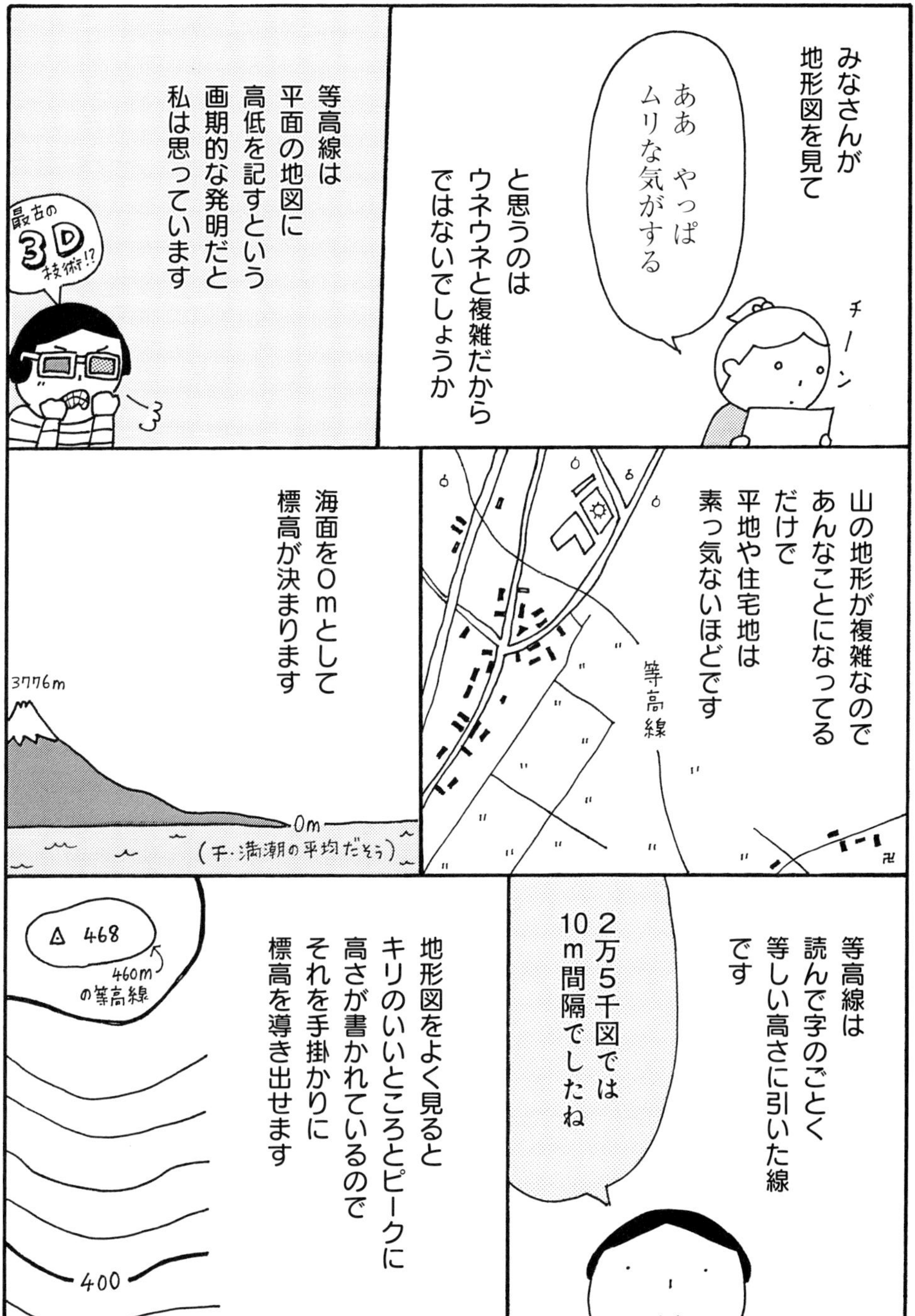
みなさんが地形図を見て
ああ やっぱ ムリな気がする
チーン
と思うのは ウネウネと複雑だから ではないでしょうか
等高線は 平面の地図に 高低を記すという 画期的な発明だと 私は思っています
最古の 3D 技術!?
山の地形が複雑なので あんなことになってる だけで 平地や住宅地は 素っ気ないほどです
等高線
海面を0mとして 標高が決まります
3776m
0m
(干・満潮の平均だそう)
等高線は 読んで字のごとく 等しい高さに引いた線 です
2万5千図では 10m間隔でしたね
地形図をよく見ると キリのいいところとピークに 高さが書かれているので それを手掛かりに 標高を導き出せます
△ 468
460m の等高線
400

とはいえ わかったような わからないような 等高線……
では 想像力を ご用意ください
よござんすか
突然ですが 実験してみましょう
助手くん お願いします
助手です
こちらに山が あります
標高35m
これを 水槽に入れます
入れます
入れました

底を海面として水位が10m上がったとしましょう
ジャー
40
30
20
10m
ピッ
上がりましたご覧ください
10m
島みたいになりました
この水面の位置を山にぐるりと一周線を引きます
10m
引いたとしてこれが等高線になります
10m
また10m 10mと繰り返し線を引いていくと横から見ればミルフィーユのような線ができていきますね
30m
20m
10m
0m
これを真上から見るとどうでしょうか？

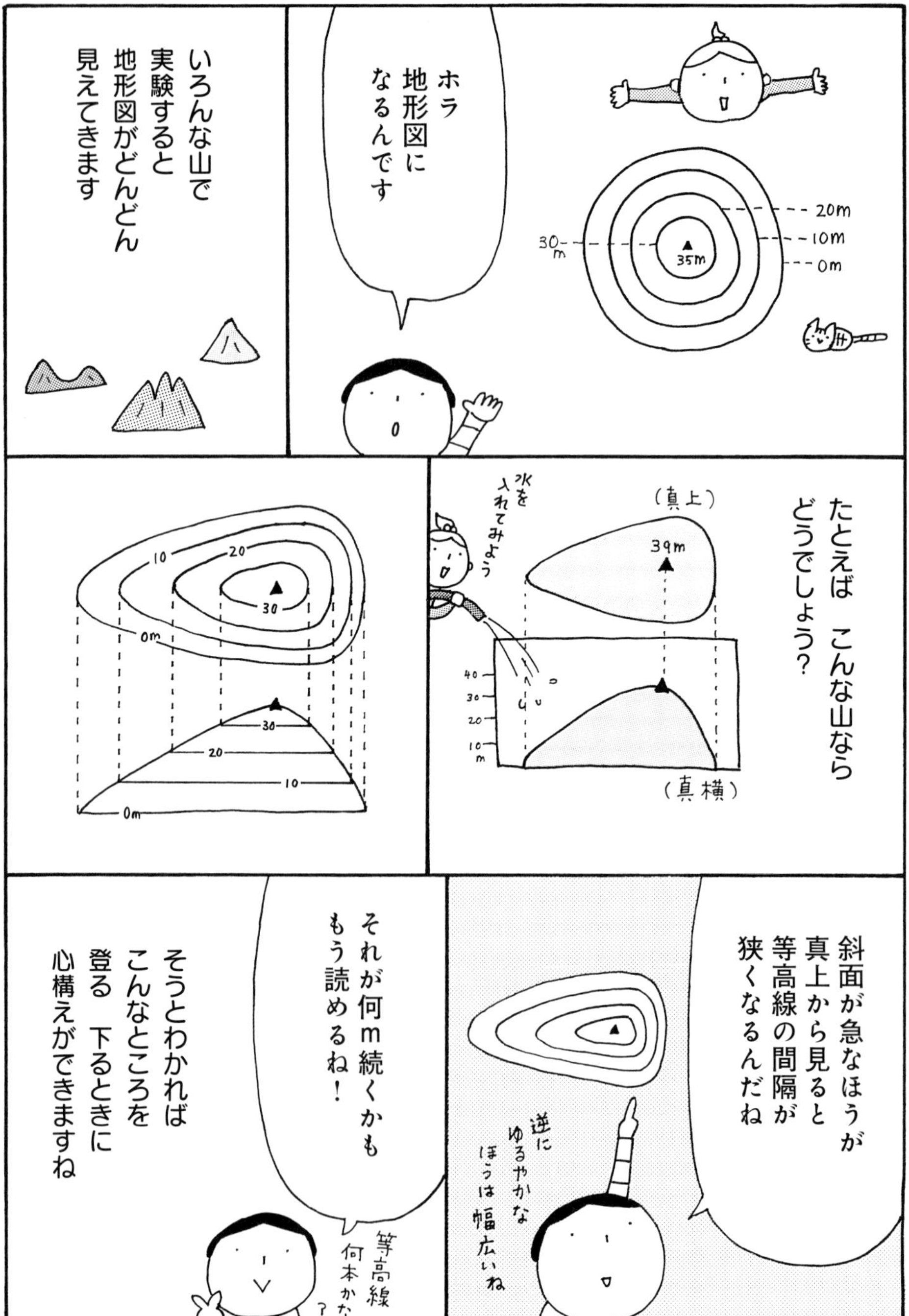

ホラ地形図になるんです
20m
10m
0m
30m
35m
いろんな山で実験すると地形図がどんどん見えてきます
たとえば　こんな山ならどうでしょう?
水を入れてみよう
(真上)
39m
40
30
20
10m
(真横)
10
20
30
0m
10
20
30
0m
斜面が急なほうが真上から見ると等高線の間隔が狭くなるんだね
逆にゆるやかなほうは幅広いね
それが何m続くかももう読めるね!
等高線何本かな?
そうとわかればこんなところを登る　下るときに心構えができますね

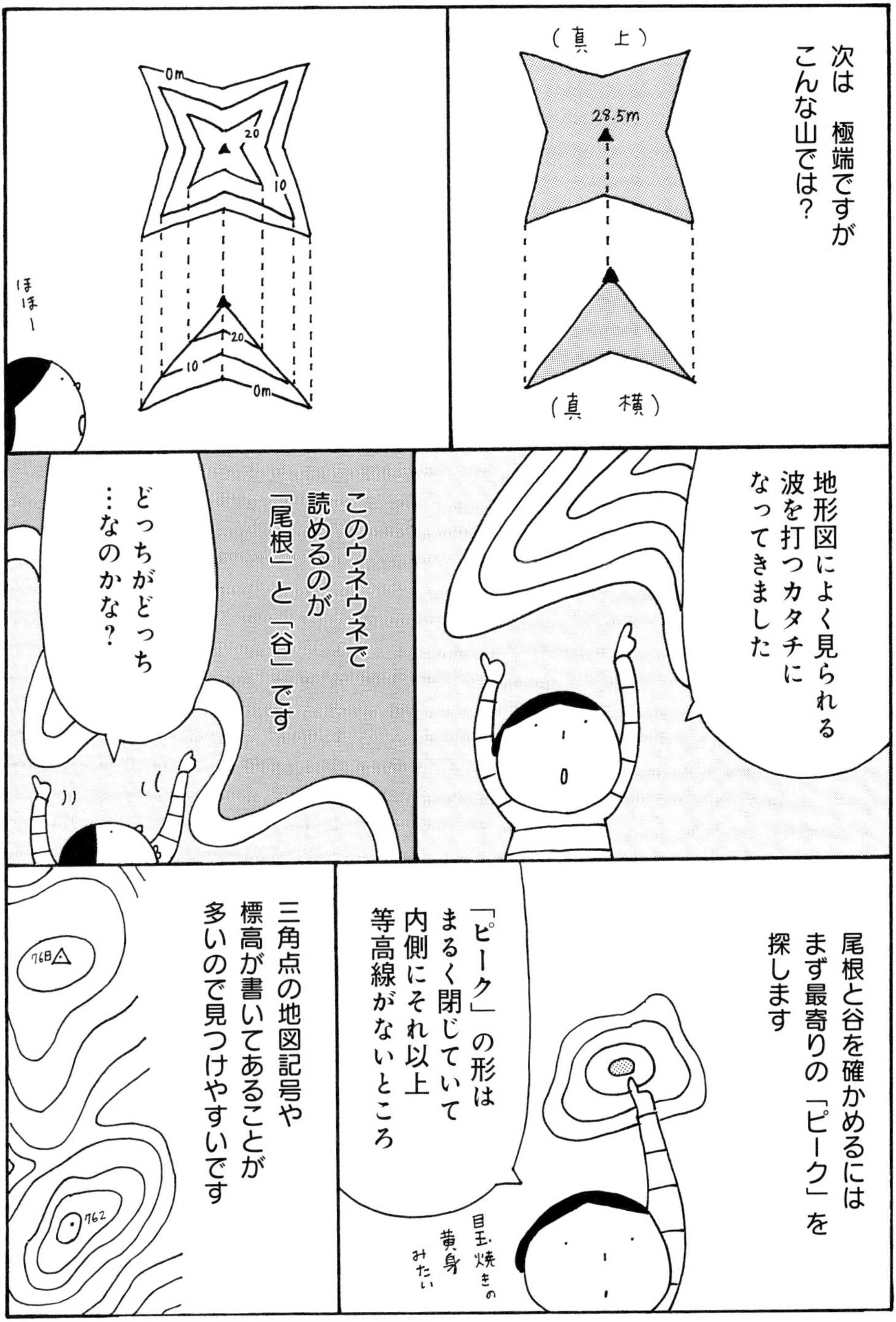
次は　極端ですが
こんな山では？
（真　上）
28.5m
（真　横）
0m
20
10
ほほー
地形図によく見られる
波を打つカタチに
なってきました
このウネウネで
読めるのが
「尾根」と「谷」です
どっちがどっち
…なのかな？
尾根と谷を確かめるには
まず最寄りの「ピーク」を
探します
「ピーク」の形は
まるく閉じていて
内側にそれ以上
等高線がないところ
目玉焼きの
黄身
みたい
三角点の地図記号や
標高が書いてあることが
多いので見つけやすいです
768
762

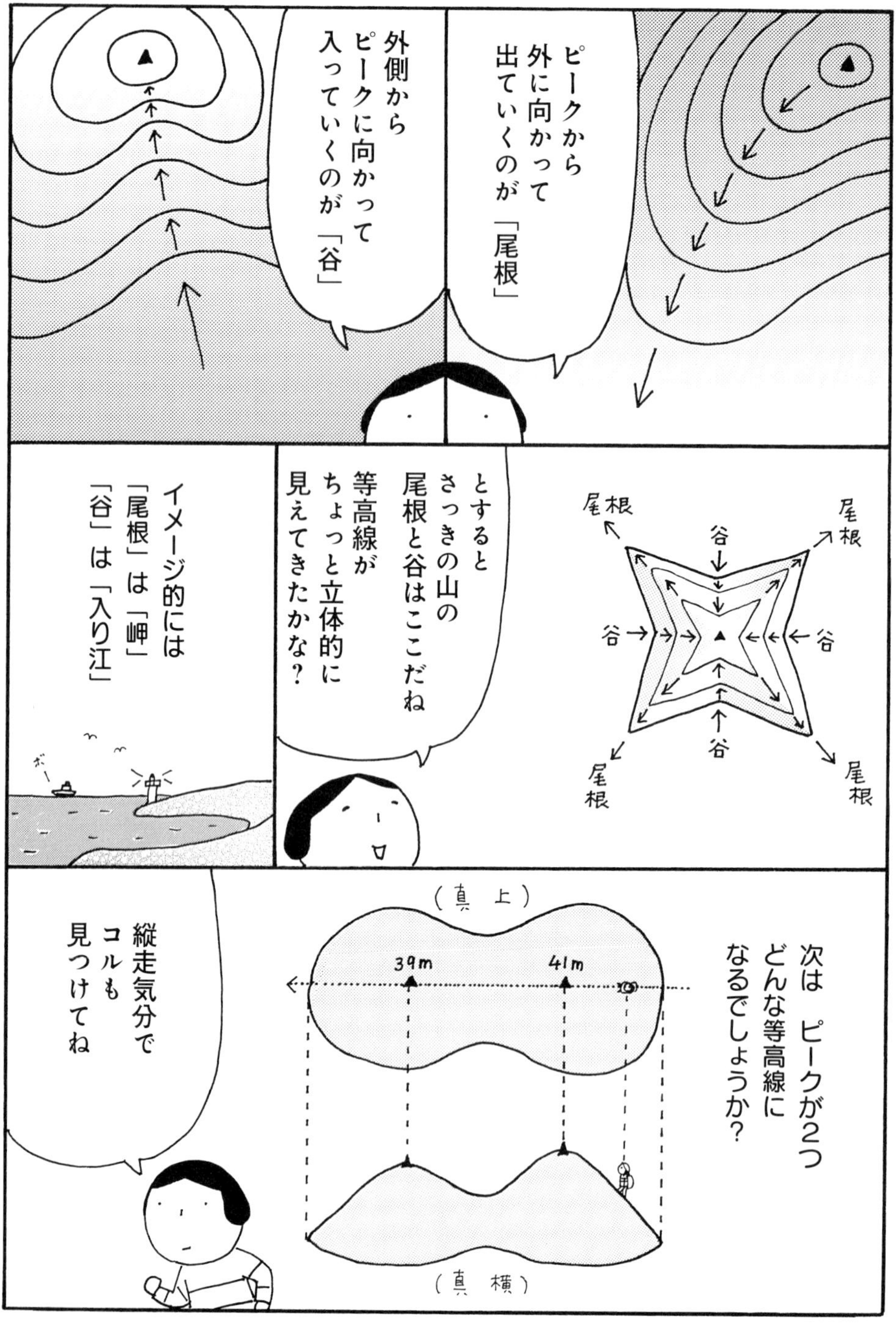
ピークから外に向かって出ていくのが「尾根」
外側からピークに向かって入っていくのが「谷」
尾根
尾根
尾根
尾根
谷
谷
谷
谷
とするとさっきの山の尾根と谷はここだね
等高線がちょっと立体的に見えてきたかな?
イメージ的には「尾根」は「岬」「谷」は「入り江」
ボー
次は ピークが2つどんな等高線になるでしょうか?
(真上)
39m
41m
(真横)
縦走気分でコルも見つけてね

コルはピークとピークの間
登りと下りが
入れ替わるところでした
0m
20
10
40
30
30
コル
40
30
30
20
10
0m
「読図」的にいうと
ピークとピークから出た
尾根がぶつかった
ところなんだ
地形図で
「ピーク」「コル」
「尾根」「谷」の4つが
見分けられたら
こっちのものです
はじめは
「尾根」と「谷」が
ごちゃごちゃに
なっちゃうと思う
しゃーない
そんなときは
地球の水位を
上げてみる
いつでも
どうぞ
等高線に沿って
水を入れていく
イメージをすると
見えてきます
日本沈没…
ではなく
「尾根」と「谷」が！
お試しあれ
ハッ

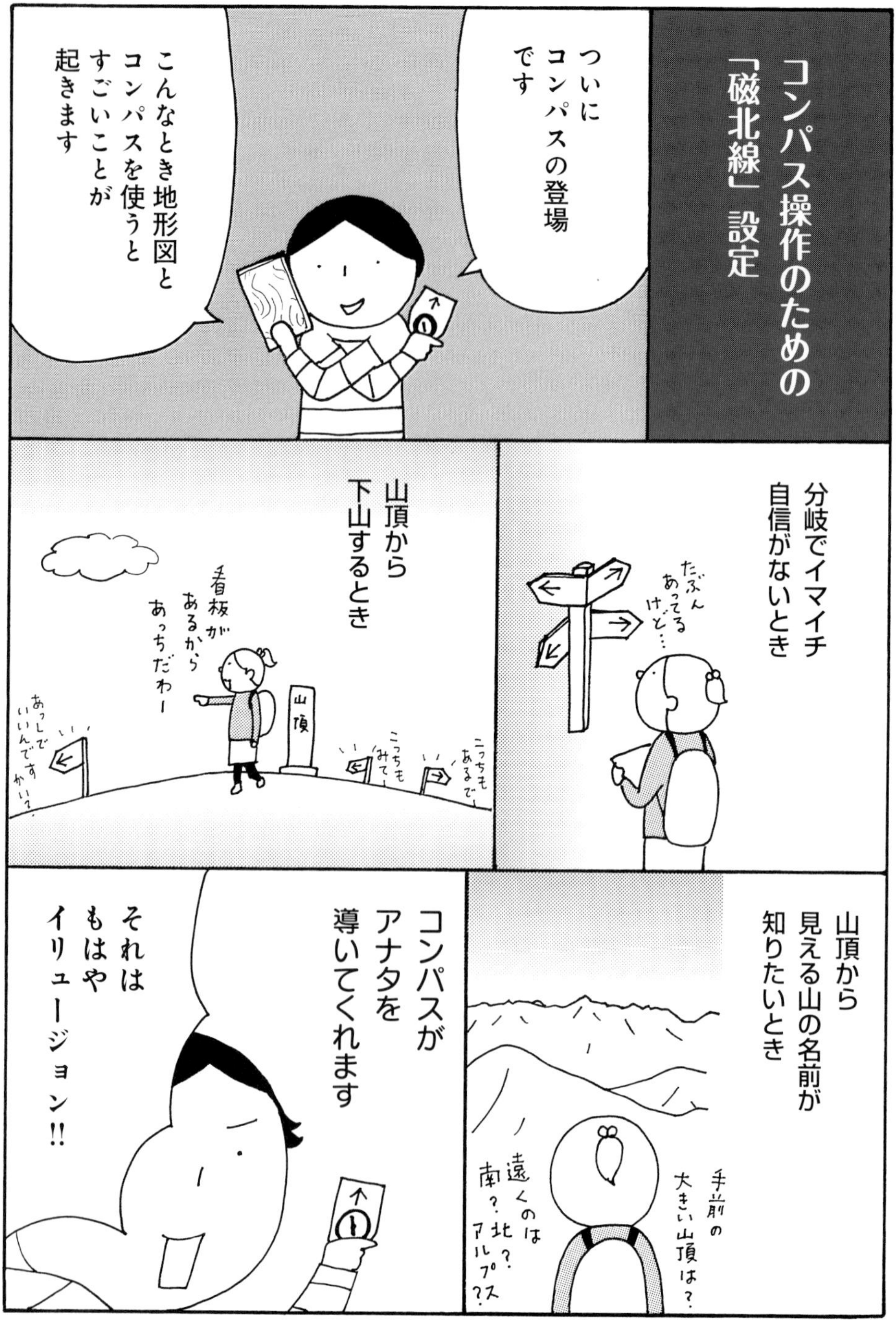

コンパス操作のための「磁北線」設定
ついにコンパスの登場です
こんなとき地形図とコンパスを使うとすごいことが起きます
分岐でイマイチ自信がないとき
たぶんあってるけど…
山頂から下山するとき
看板があるからあっちだわー
あっしでいいんですかいー
こっちもみてー
こっちもあるでー
山頂
山頂から見える山の名前が知りたいとき
手前の大きい山頂は？
遠くのは南？北？アルプス？
コンパスがアナタを導いてくれます
それはもはやイリュージョン!!

ファーストステップは「磁北線を引く」
いきなりハードル高い響き……
そうね ここがいちばんの難関かもしれない
なぜなら…
めんどうくさいから！
でもこれは最初の「設定」みたいなもの
引かないとどうなるんですか？
磁北線のない地形図はただの地形図だ
飛べない鈴木はただの鈴木だ
「設定」しないことにはコンパスは使いものにはなりません
それを知ったときはショックだったなぁ
今までの人生なんだったんだろうって

しつこいようですが コンパスの磁針が 指すのは…？
えっと…
磁北 でしたよね
正解！ 一方 地形図は 「真北」が上に つくられているよね
なので コンパスが使いやすい ように 磁北がどこか わかる線を引くのです
そこで 思い出して欲しいのが 地形図の「基準」に 書いてあった 「磁針方位」
忘れちゃった人は 63ページへ GO
えっと… 「西偏°7′40」って 書いてあります
「剱岳《つるぎだけ》」の 地形図は
だったらキリがよく 7・5度 まあ7度くらいにして しまってもいいよ
今回は 7度でやって みよう！
この四捨五入は 性格が でるよね

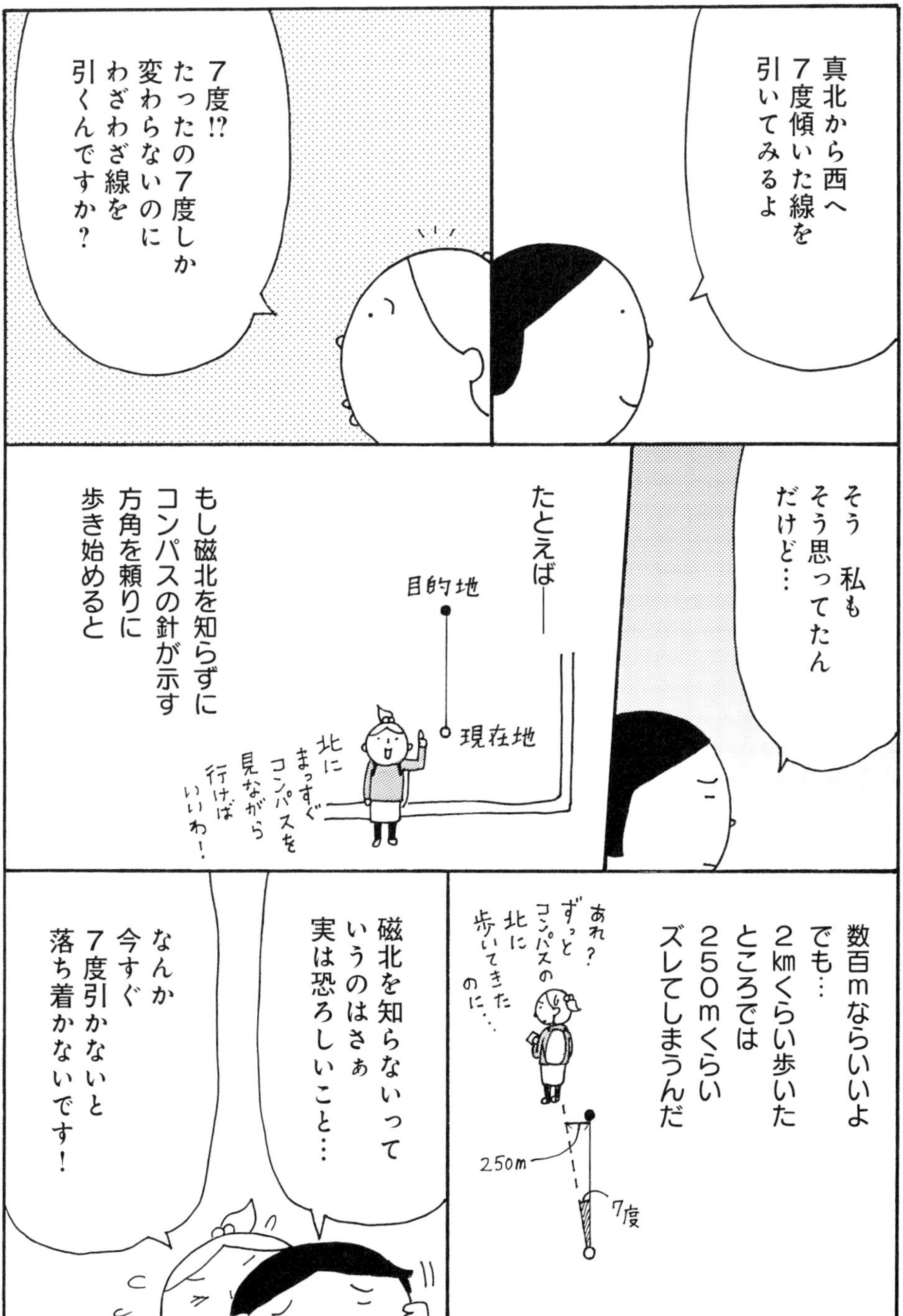
真北から西へ
7度傾いた線を
引いてみるよ
7度!?
たったの7度しか
変わらないのに
わざわざ線を
引くんですか?
そう 私も
そう思ってたん
だけど…
たとえば——
もし磁北を知らずに
コンパスの針が示す
方角を頼りに
歩き始めると
目的地
現在地
北に
まっすぐ
コンパスを
見ながら
行けば
いいわ!
数百mならいいよ
でも…
2kmくらい歩いた
ところでは
250mくらい
ズレてしまうんだ
あれ?
ずっと
コンパスの
北に
歩いてきた
のに…
250m
7度
磁北を知らないって
いうのはさぁ
実は恐ろしいこと…
なんか
今すぐ
7度引かないと
落ち着かないです!

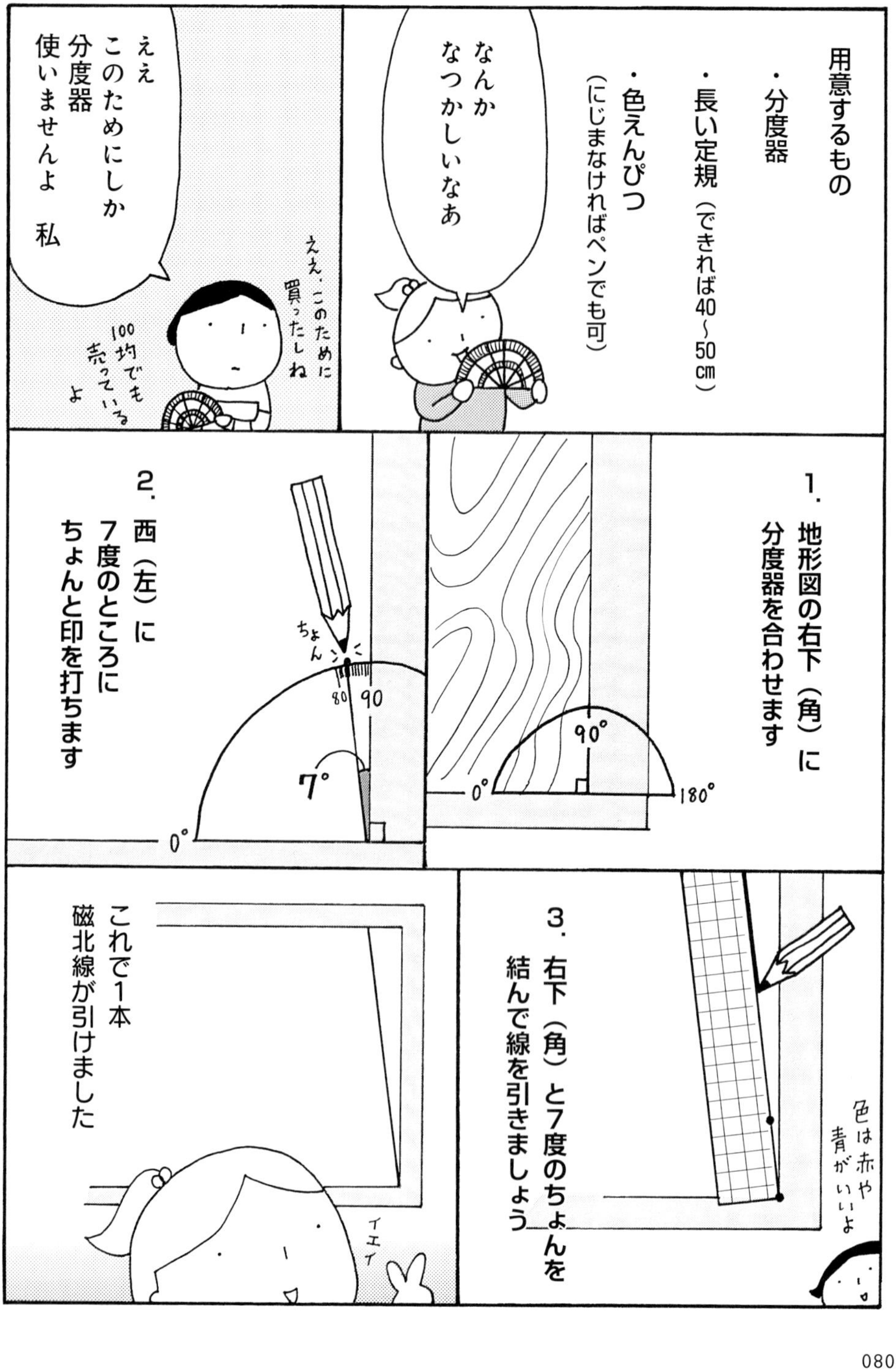
用意するもの
・分度器
・長い定規（できれば40～50㎝）
・色えんぴつ（にじまなければペンでも可）
なんか なつかしいなあ
ええ このためにしか 分度器 使いませんよ 私
ええ、このために買ったしね
100均でも売っているよ
1. 地形図の右下（角）に分度器を合わせます
90°
0°
180°
2. 西（左）に7度のところにちょんと印を打ちます
ちょん
80
90
7°
0°
3. 右下（角）と7度のちょんを結んで線を引きましょう
色は赤や青がいいよ
これで1本磁北線が引けました
イエイ

4．それと平行に地形図全体に線を引けば完成！
4cm
1つの幅を4㎝にすると1㎞の目安にもなるよ
私は下書きをしてもなんやかやしても線がだんだんズレていくのが悩みです
!!
ハアッ
下書きしても定規を使っても曲がるけど慎重派
磁北線入りの地形図をプリントアウトできるサイトもあるけどね
ちょっ！
早く教えてくださいよ！
ぎゃふん すごい便利～
しかし ここに磁北線ガイドが入る日を待ち望んでいます国土地理院さま
しんけんです
7°40′
も～アナログ人間ですね～
そのうち「昔は手書きで磁北線引いたものだよ～」っていう時代になるんじゃないですか？
もうなってるかも
アハハハハ

でも
過渡期だからこそ
基本はおさえて
おいていいと……
思うんだ……け……ど？
じゃーん
できましたー！
磁北線ーー!!
コピー取ろっか…
きいてないよーだし
5. コピーを取る
歩くコースを中心に
サイズはA3かA4で
等倍以上の倍率で
A3
A4
ここを歩くなら
大は小を兼ねるかな？
コンビニでA3コピー
してきまーす
いそいそ
慣れてくると
モノクロでも十分ですが
はじめはカラーコピーが
おすすめです
こう見えて
一応多色刷りです
最初はコースが
うまく入らなくて
何回もコピーし直したり
するんだよね～
助手くん大丈夫かな…
ただいまっ！

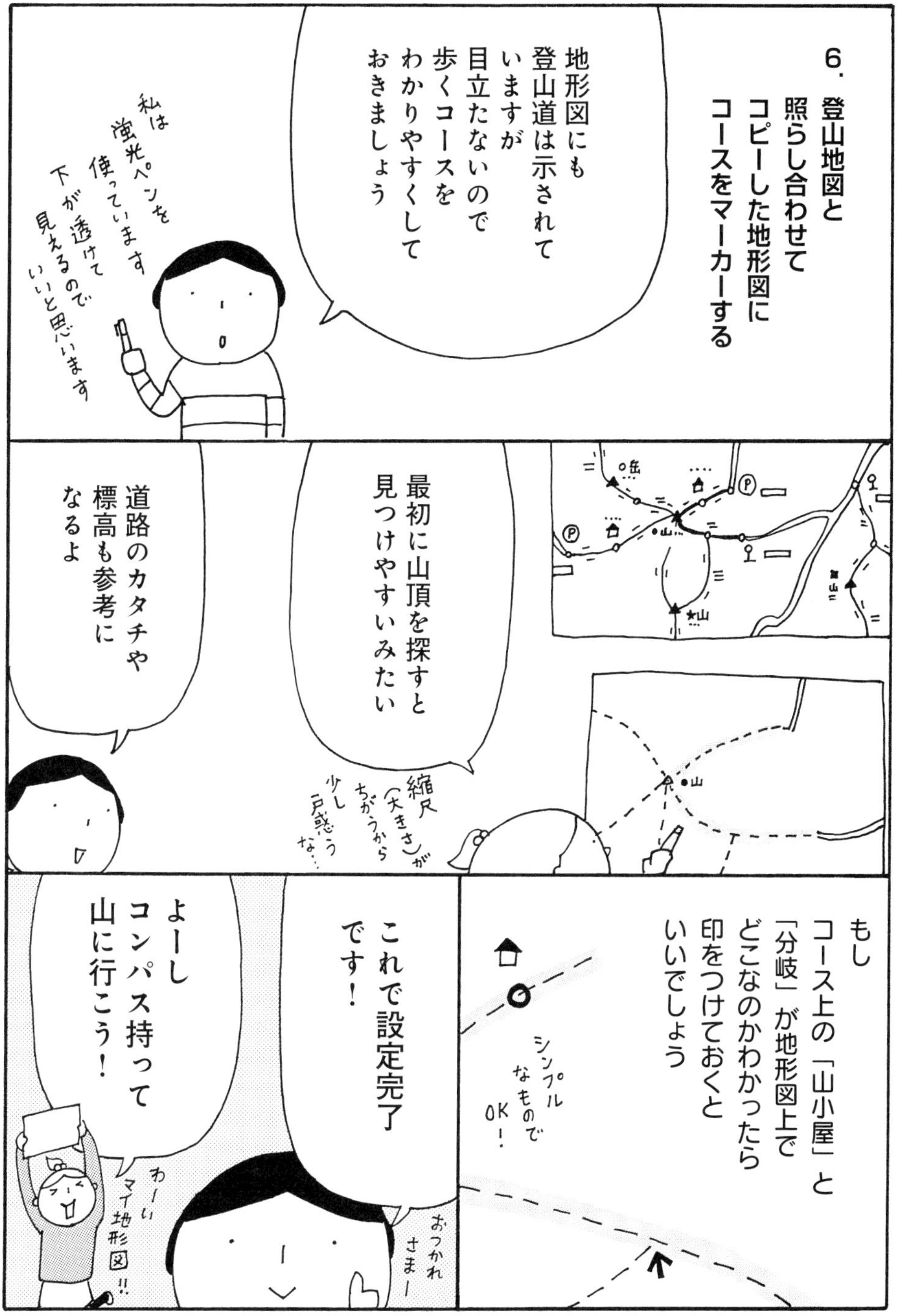
6. 登山地図と照らし合わせてコピーした地形図にコースをマーカーする
地形図にも登山道は示されていますが目立たないのでわかりやすくしておきましょう
私は蛍光ペンを使っています 下が透けて見えるのでいいと思います
最初に山頂を探すと見つけやすいみたい
縮尺（大きさ）がちがうから少し戸惑うな…
道路のカタチや標高も参考になるよ
もしコース上の「山小屋」と「分岐」が地形図上でどこなのかわかったら印をつけておくといいでしょう
シンプルなものでOK！
これで設定完了です！
おつかれさまー
よーしコンパス持って山に行こう！
わーいマイ地形図!!

コンパスの「操作法」
今まで　机上で　コンパスの使い方を　試したけど　よくわからなかった
という　アナタ！
それはアナタが　その地図の外に　いるからです
目の前に　その景色がないから　だったんです
私が説明したい「使い方」は　たった1つだけ！
近いっ　すかァ
たった1つです　その操作を　完璧にしましょう
そのあとに　ミッションを出しますので　次の山行で　是非　実践してみてください

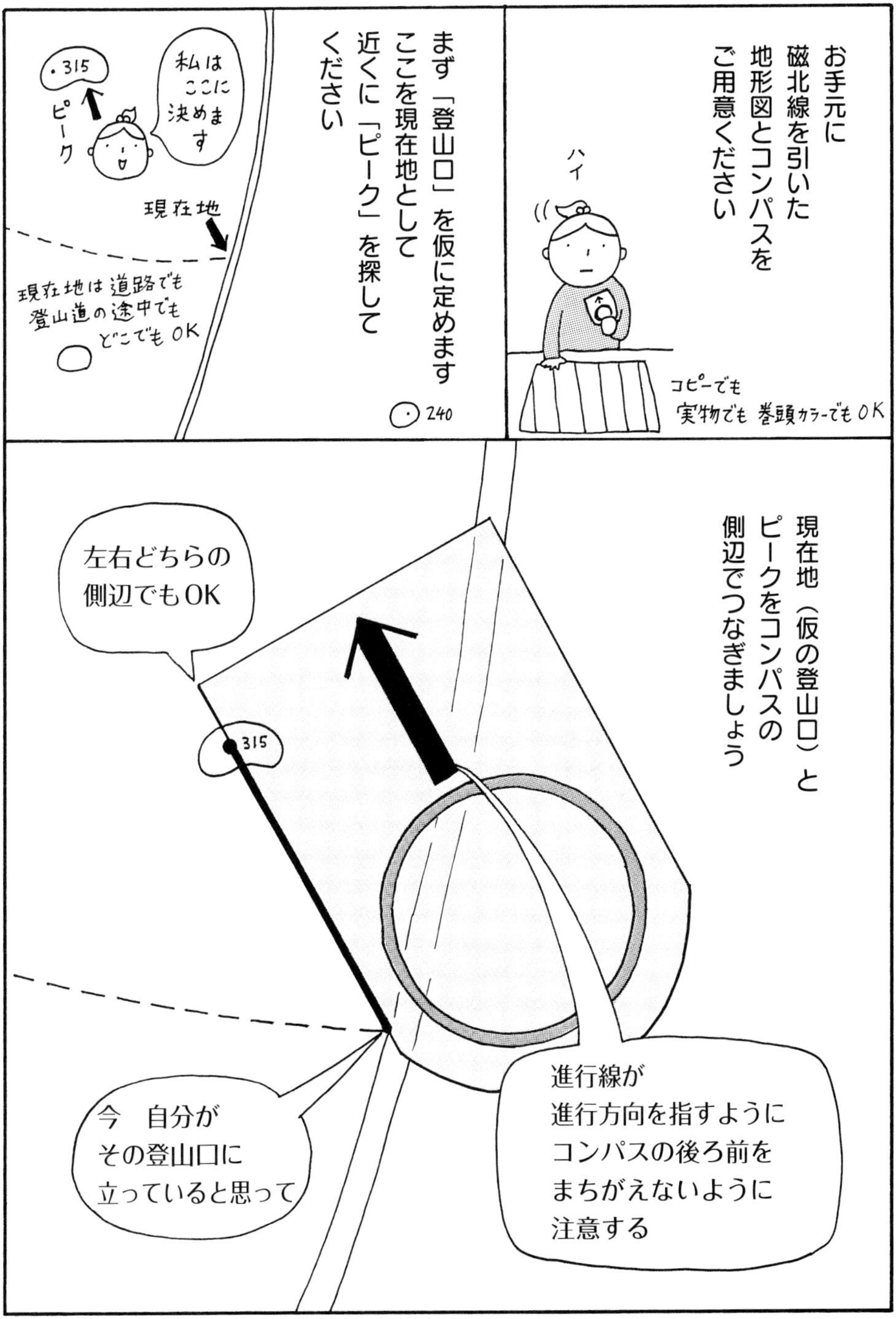
お手元に
磁北線を引いた
地形図とコンパスを
ご用意ください
ハイ
コピーでも
実物でも 巻頭カラーでもOK
まず「登山口」を仮に定めます
ここを現在地として
近くに「ピーク」を探して
ください
私は ここに 決めます
315
ピーク
現在地
現在地は道路でも
登山道の途中でも
どこでもOK
240
現在地（仮の登山口）と
ピークをコンパスの
側辺でつなぎましょう
左右どちらの
側辺でもOK
315
進行線が
進行方向を指すように
コンパスの後ろ前を
まちがえないように
注意する
今　自分が
その登山口に
立っていると思って

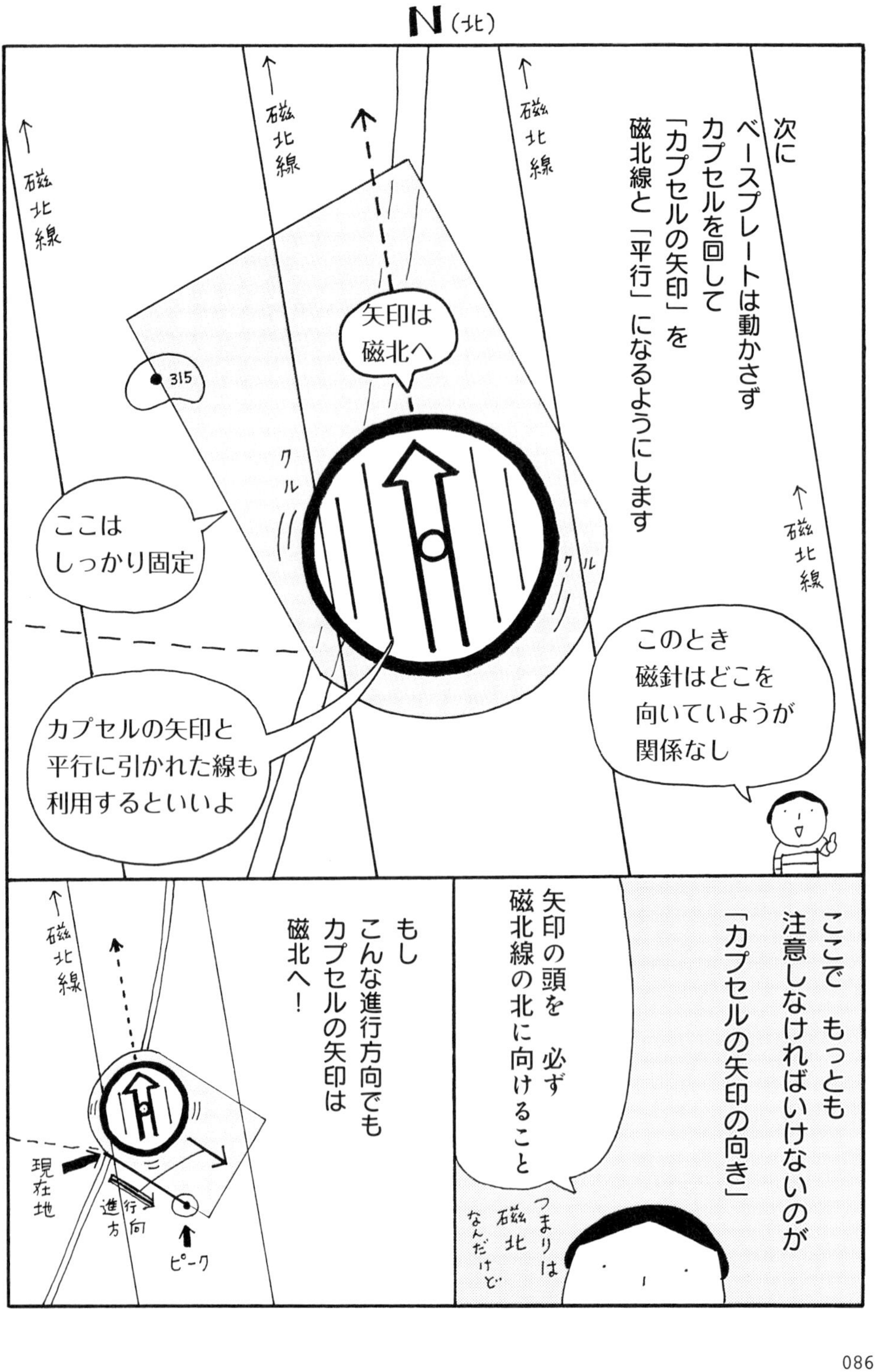
N（北）
次に
ベースプレートは動かさず
カプセルを回して
「カプセルの矢印」を
磁北線と「平行」になるようにします
磁北線
磁北線
磁北線
磁北線
矢印は磁北へ
315
クル
クル
このとき磁針はどこを向いていようが関係なし
ここはしっかり固定
カプセルの矢印と平行に引かれた線も利用するといいよ
ここで　もっとも注意しなければいけないのが「カプセルの矢印の向き」
矢印の頭を　必ず磁北線の北に向けること
つまりは磁北なんだけど
もしこんな進行方向でもカプセルの矢印は磁北へ！
磁北線
現在地
進行方向
ピーク

さらには地形図がさかさまでもカプセルの矢印は磁北へ！
ピーク
現在地
進行方向
磁北線
1:25000 地形図
地図の上辺が北だよ
カプセルを回すときは地図上の北を意識すべし！
重要ポイント!!
ハイ！もうコンパスからも地形図からも手を離して～
？
パンッ
立ち上がーる
ガタ
ガタ
いいの？
踊ーる
ホントに？
ガタッ
イエイ
イエイ
あっ！コンパス動いちゃったじゃないですかー
せっかくの
イエイ
イエイ

よいのです
そのまま コンパスだけを 胸の前に…
みぞ★おち
こうでしたっけ
進行線を 体の正面から まっすぐ前に出すように 固定したら
アナタは1本の木 首は上下だけ 右にも左にも 振れなくなる〜
なんの 催眠術ですか?
コンパスとアナタは 一心同体〜
視線と進行線は いつも同じ方向を 見ているー
そんな ロボットに なあれ〜
ハ!
ハ!
ハ!

ハッ！動きません
ハ！
ハ！
クル
クル
動くのはこのへんだけのイメージ
おお…まさか…
では ここで初めて磁針を見てみて
磁針の赤い針とカプセルの矢印はどうなってる？
えっと…違うとこを指してます
ゆら
ゆら
じゃあ それが重なるように体を回していこう
動かすのは体だけだよ
ゆっくりー
コンパスは常にまっすぐ前！
頭も まっすぐ コンパスだけ見て
んん？
ぐる
り
ゆらー
ゆら
どっち回りでも構いません
体を芯に一周していくと
どこかで磁針の赤い針と
カプセルの矢印が
同じ向きで
ピタリと重なるところが
あります

あ！合いました！
ピタ
なんかすごい期待感！
不思議〜
ハイ！顔をまっすぐ上げて
わくわく
そ〜
ニャー
だから!?
部屋のカドがなんなんですか!?
クルッ
ちゃんと矢印が私にささってるな
だから 今のは操作の練習
もし ここがその登山口だったら側辺でつないだピークは顔を上げた先にあるんだ
ニャー
クル

〈コンパス操作のまとめ〉

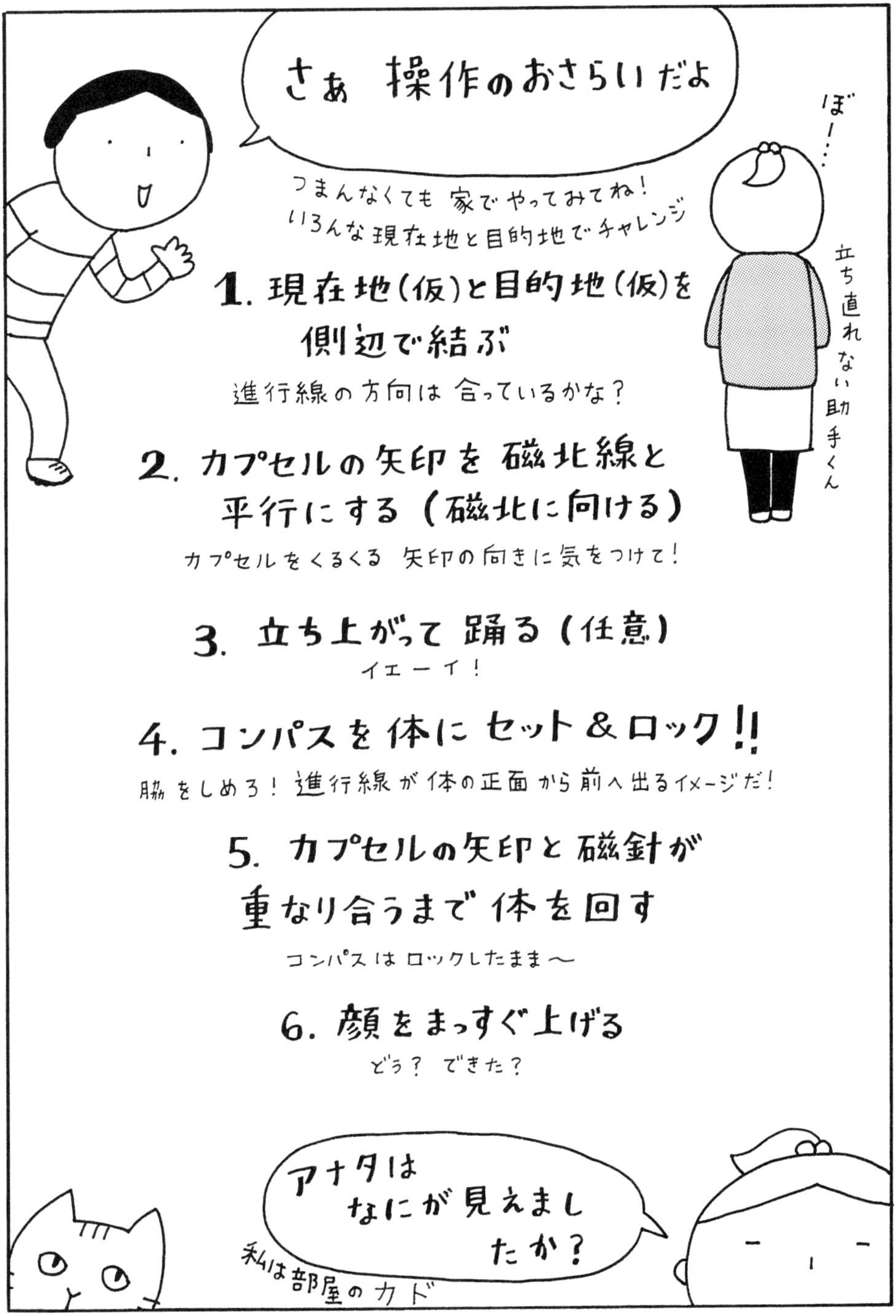
さぁ 操作のおさらいだよ
ぼー……
つまんなくても 家でやってみてね！
いろんな現在地と目的地でチャレンジ
立ち直れない助手くん
1. 現在地(仮)と目的地(仮)を側辺で結ぶ
進行線の方向は 合っているかな？
2. カプセルの矢印を 磁北線と平行にする (磁北に向ける)
カプセルをくるくる 矢印の向きに気をつけて！
3. 立ち上がって 踊る (任意)
イエーイ！
4. コンパスを体に セット＆ロック!!
脇をしめろ！ 進行線が体の正面から前へ出るイメージだ！
5. カプセルの矢印と磁針が重なり合うまで 体を回す
コンパスは ロックしたまま〜
6. 顔をまっすぐ上げる
どう？ できた？
アナタは なにが見えましたか？
私は部屋のカド

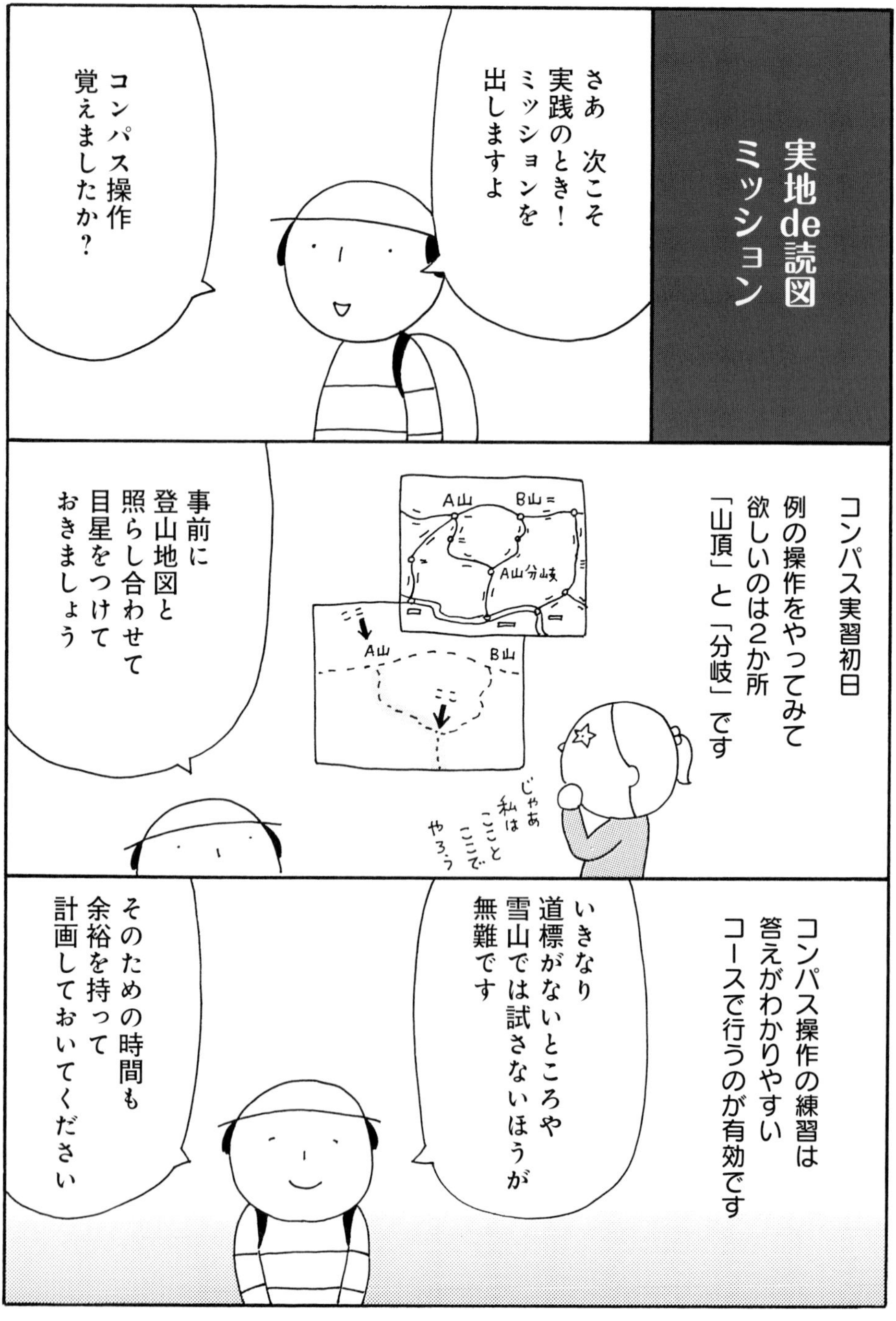
実地de読図ミッション
さあ 次こそ実践のとき！ミッションを出しますよ
コンパス操作覚えましたか？
コンパス実習初日
例の操作をやってみて欲しいのは2か所「山頂」と「分岐」です
A山
B山
A山分岐
ここ
ここ
A山
B山
じゃあ 私は ここと ここで やろう
事前に登山地図と照らし合わせて目星をつけておきましょう
コンパス操作の練習は答えがわかりやすいコースで行うのが有効です
いきなり道標がないところや雪山では試さないほうが無難です
そのための時間も余裕を持って計画しておいてください

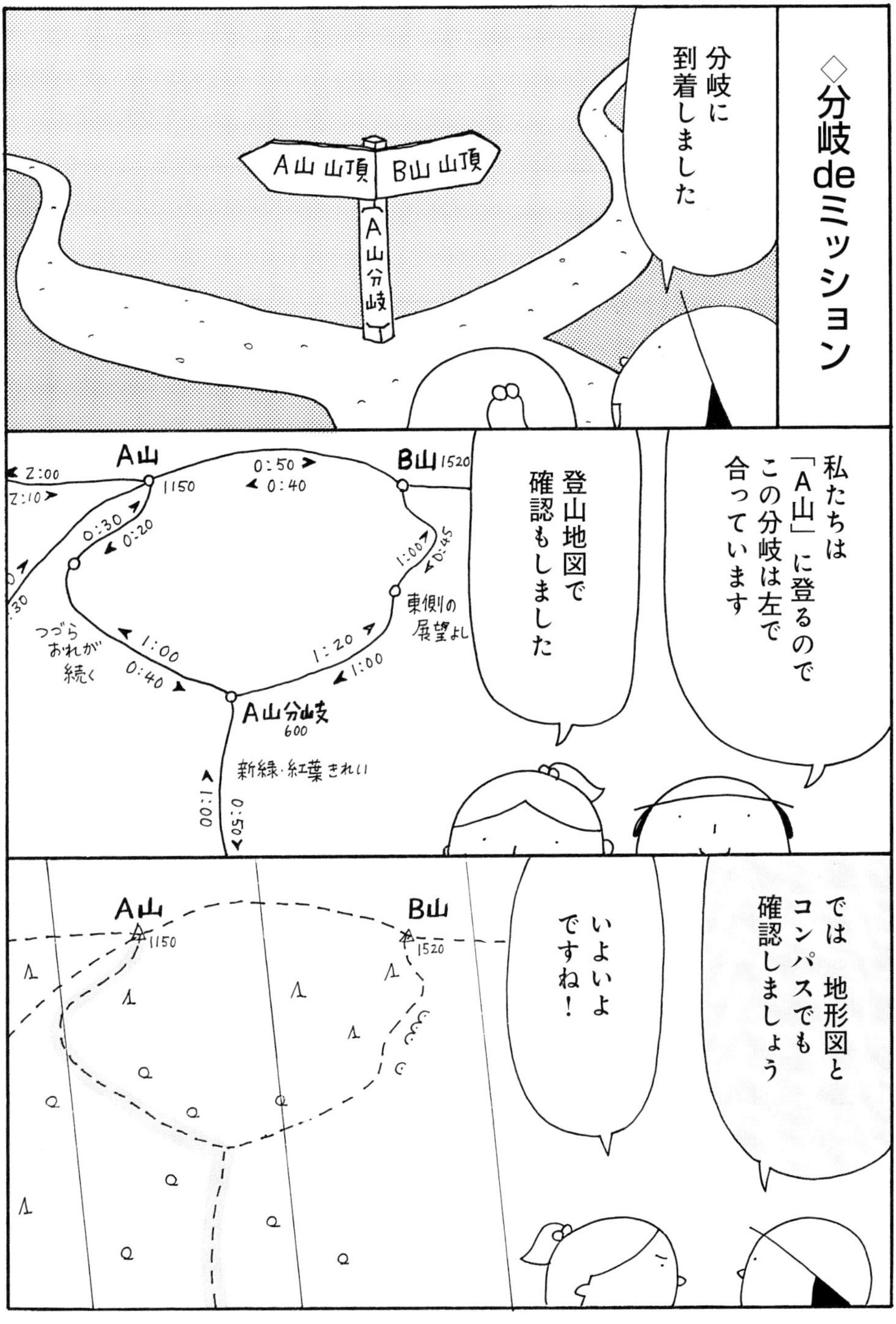
◇分岐deミッション
分岐に到着しました
A山 山頂
B山 山頂
A山分岐
私たちは「A山」に登るのでこの分岐は左で合っています
登山地図で確認もしました
A山
1150
B山
1520
0:50
0:40
2:00
2:10
0:30
0:20
1:00
0:45
東側の展望よし
つづらおれが続く
1:00
0:40
1:20
1:00
A山分岐
600
新緑・紅葉きれい
1:00
0:50
では地形図とコンパスでも確認しましょう
いよいよですね！
A山
1150
B山
1520

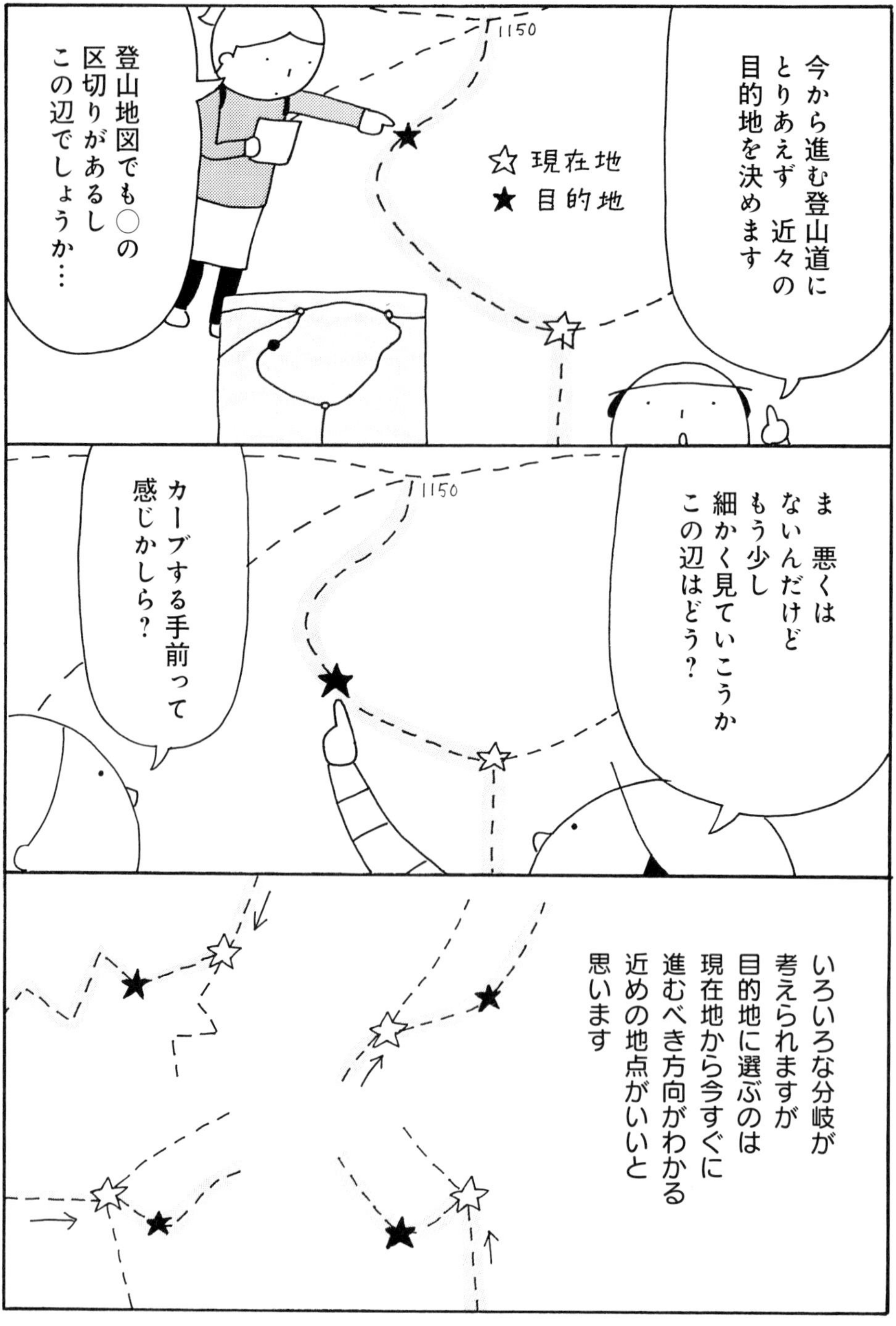
今から進む登山道にとりあえず　近々の目的地を決めます
登山地図でも○の区切りがあるしこの辺でしょうか…
1150
☆現在地
★目的地
ま　悪くはないんだけどもう少し細かく見ていこうかこの辺はどう？
カーブする手前って感じかしら？
1150
いろいろな分岐が考えられますが目的地に選ぶのは現在地から今すぐに進むべき方向がわかる近めの地点がいいと思います

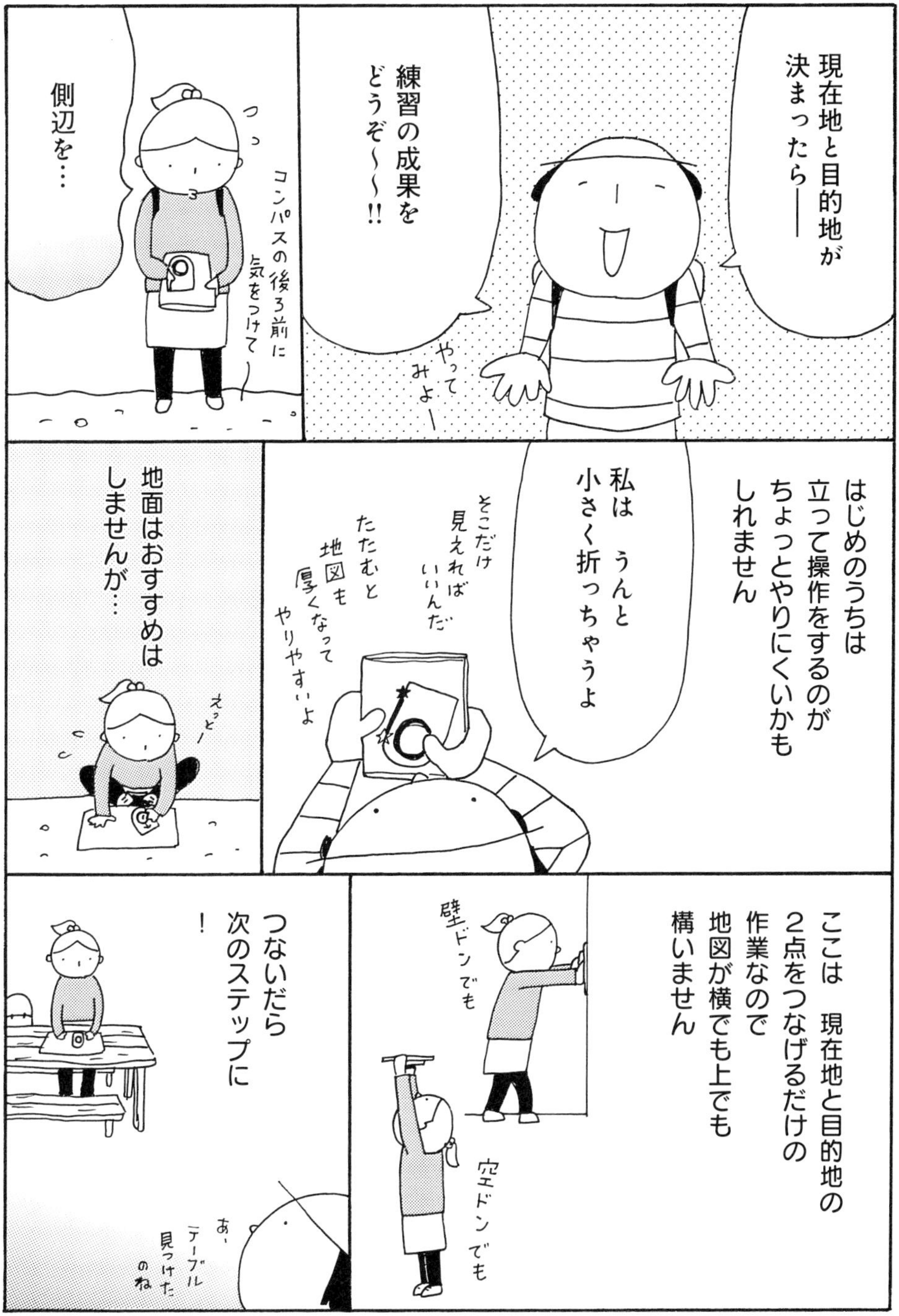

現在地と目的地が決まったら――
やってみよー
練習の成果をどうぞ～～!!
側辺を…
コンパスの後ろ前に気をつけて
はじめのうちは立って操作をするのがちょっとやりにくいかもしれません
私は　うんと小さく折っちゃうよ
そこだけ見えればいいんだ
たたむと地図も厚くなってやりやすいよ
地面はおすすめはしませんが…
えっと！
ここは　現在地と目的地の2点をつなげるだけの作業なので地図が横でも上でも構いません
壁ドンでも
空ドンでも
つないだら次のステップに！
あ、テーブル見つけたのね

なかの矢印を……
コンパスは固定！
ギュッ
クルクル
地図の上下～
磁北は合ってますか～？
ここ間違える人多いですよー
オーケー！
磁北・上！矢印・上！
だと思う！
ピピーッ
セット！
シュバッ
シュバッ
ロック！
脇をしめる！
シュバッ
シュバッ
フーゥ♪
ここは踊らないよ…

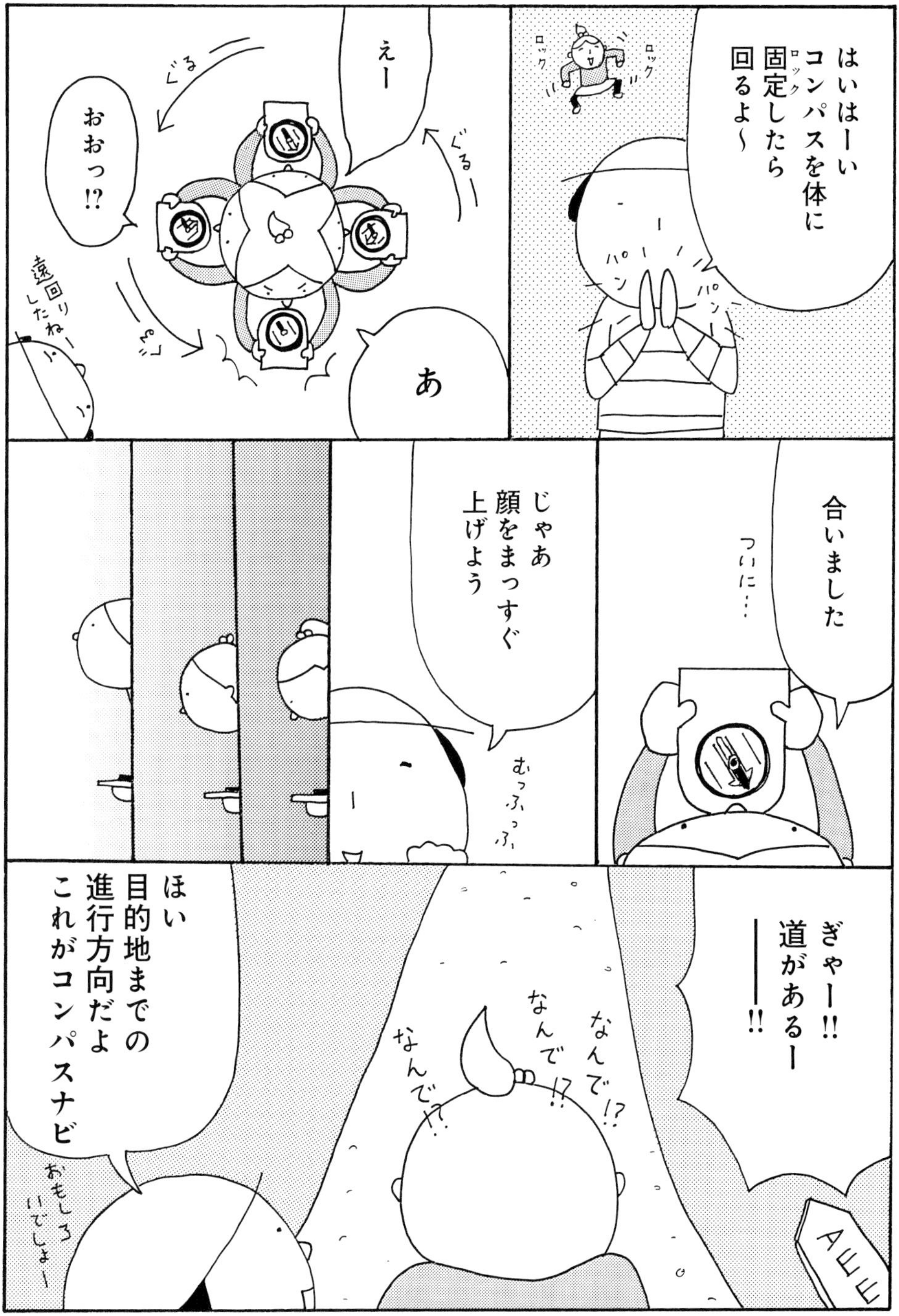
はいはーい
コンパスを体に
固定《ロック》したら
回るよ〜
ロック
ロック
パン
パン
えー
ぐる
ぐる
おおっ!?
あ
遠回りしたね〜
合いました
ついに…
じゃあ
顔をまっすぐ
上げよう
むっふっふ
ぎゃー!!
道があるー
——!!
なんで!?
なんで!?
ほい
目的地までの
進行方向だよ
これがコンパスナビ
おもしろいでしょー

※トラバース……山の斜面を横切るように歩くこと

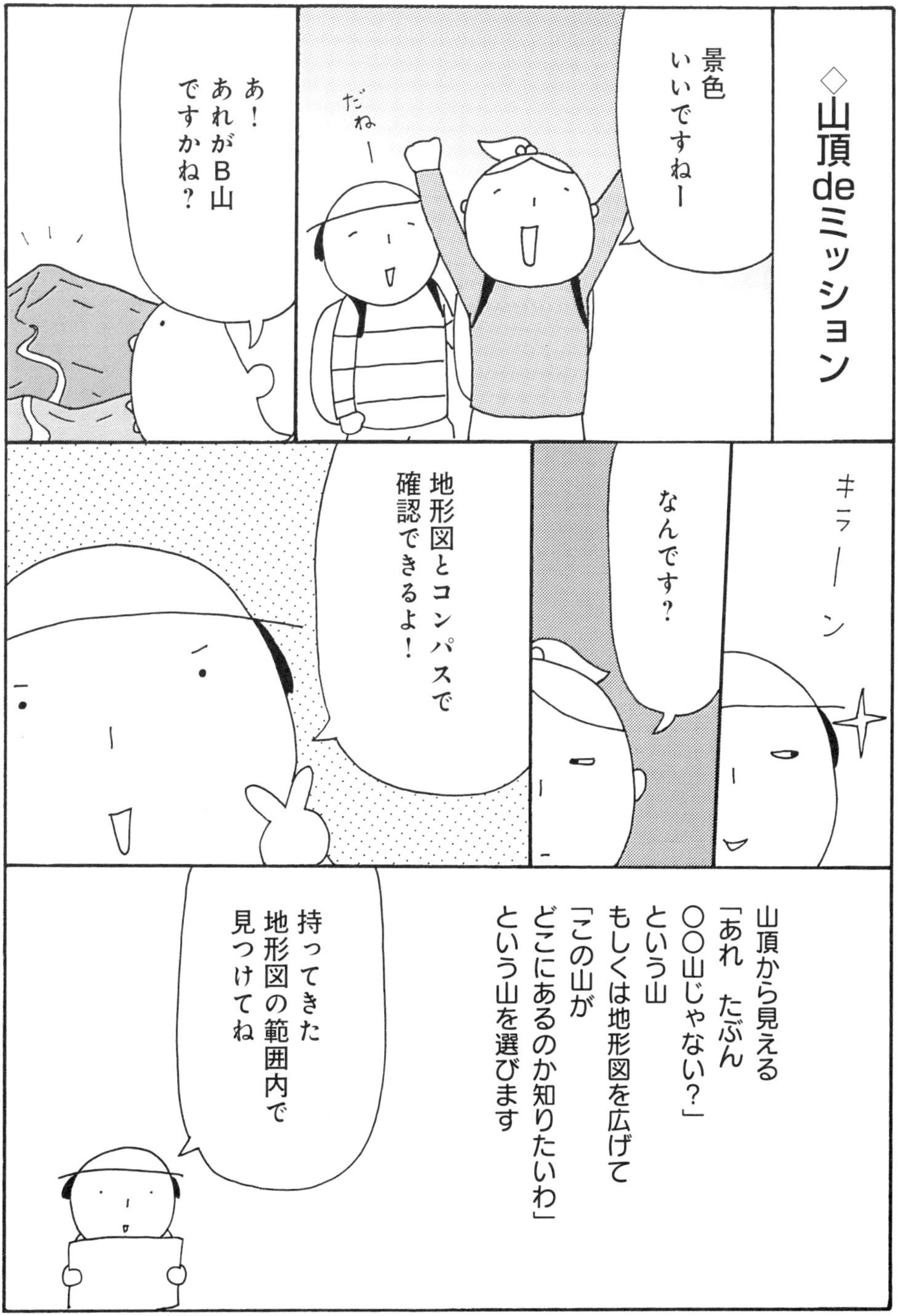
◇山頂deミッション
景色
いいですねー
だねー
あ！
あれがB山
ですかね？
キラーーン
なんです？
地形図とコンパスで
確認できるよ！
山頂から見える
「あれ　たぶん
○○山じゃない？」
という山
もしくは地形図を広げて
「この山が
どこにあるのか知りたいわ」
という山を選びます
持ってきた
地形図の範囲内で
見つけてね

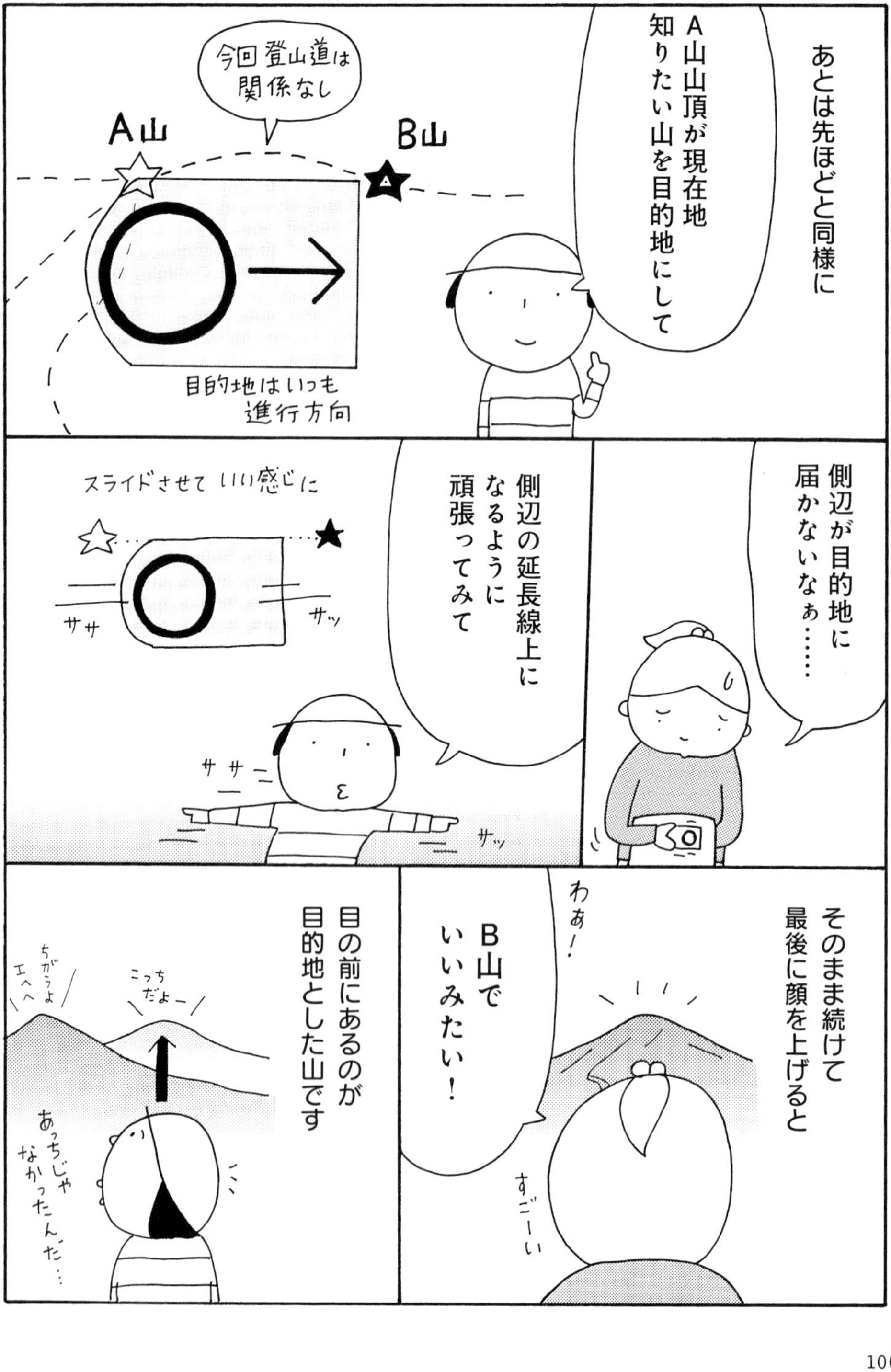
あとは先ほどと同様に
A山山頂が現在地
知りたい山を目的地にして
今回登山道は関係なし
A山
B山
目的地はいつも進行方向
側辺が目的地に届かないなぁ……
側辺の延長線上になるように頑張ってみて
スライドさせて いい感じに
ササ
サッ
ササ
サッ
そのまま続けて最後に顔を上げると
わぁ!
B山でいいみたい!
すごーい
目の前にあるのが目的地とした山です
ちがうよ エヘヘ
こっちだよー
あっちじゃなかったんだ…

視界が広くなると
コンパスと目線が
ズレがちなので
忘れず「ロック」
あいにく視界が
きかなくても
山はきっと
そちらにあります
へえ～富士山がねえ…
だいたいでよければ
遠くの山も
同じ手順でできます
『山と高原地図』裏面
広域マップを
使ってみます
北がどちらか
要確認
登山地図には
磁北線を引いてないので
なんとなーく
西寄りにカプセルの
矢印を意識しつつ
やっぱ
北アルプスだ
フフ
くらいのことは
わかります
私は「距離感」を
つかむのが苦手なので
どれがその山か
わからないことが
多いです
？
目の前にある…
どれっ？？
そんなときは
地形や標高差で
的を絞れます
エエ
エエ
エエ
ま、どれでも
いっか！
おにぎり食べよ～

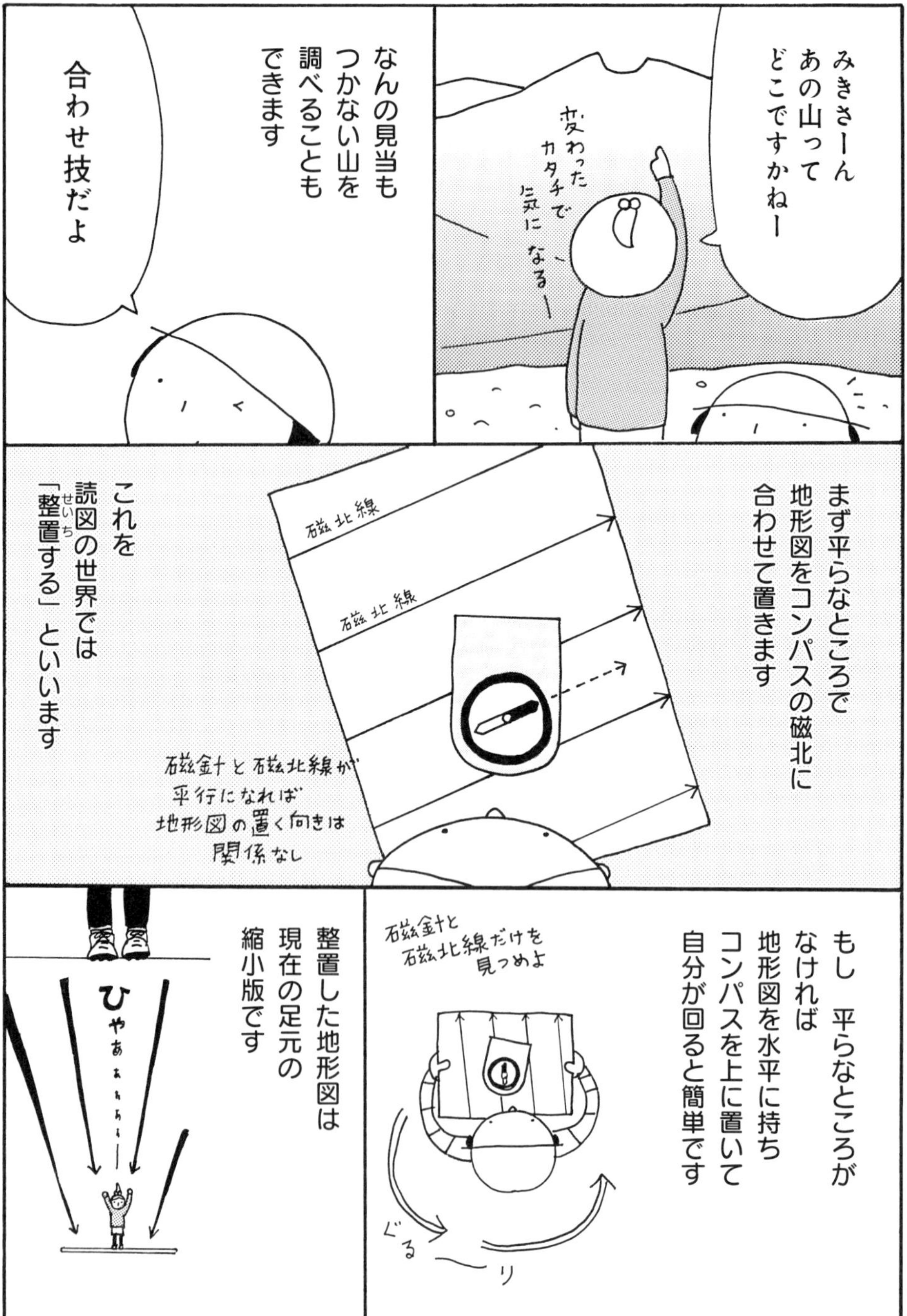
みきさーん あの山って どこですかねー
変わったカタチで気になるー
なんの見当も つかない山を 調べることも できます
合わせ技だよ
まず平らなところで 地形図をコンパスの磁北に 合わせて置きます
磁北線
磁北線
磁針と磁北線が 平行になれば 地形図の置く向きは 関係なし
これを 読図の世界では 「整置《せいち》する」といいます
もし 平らなところが なければ 地形図を水平に持ち コンパスを上に置いて 自分が回ると簡単です
磁針と 磁北線だけを 見つめよ
ぐる〜り
整置した地形図は 現在の足元の 縮小版です
ひゃあぁぁぁ〜

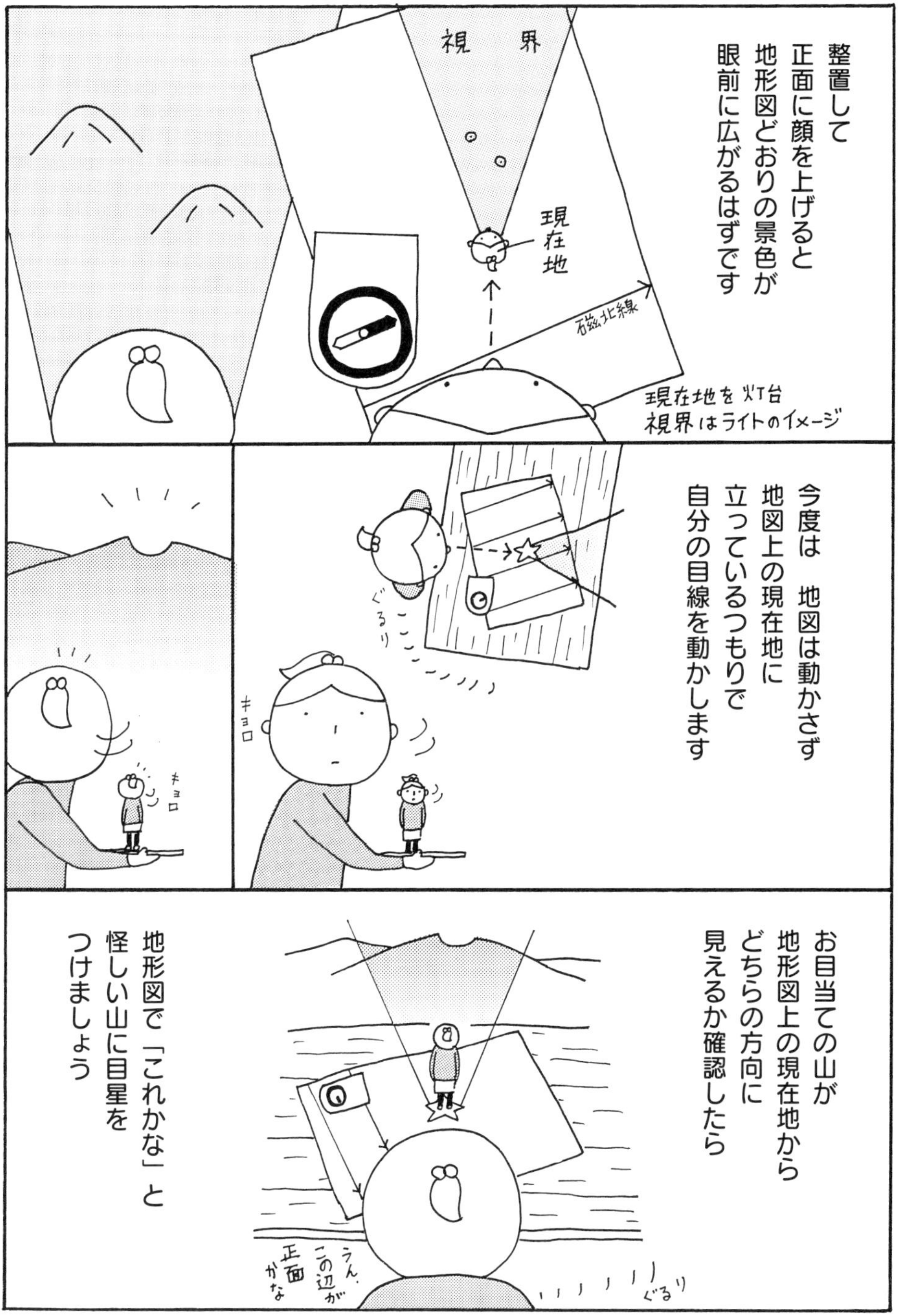

整置して
正面に顔を上げると
地形図どおりの景色が
眼前に広がるはずです
視界
現在地
磁北線
現在地を灯台
視界はライトのイメージ
今度は　地図は動かさず
地図上の現在地に
立っているつもりで
自分の目線を動かします
ぐるり
キョロ
キョロ
お目当ての山が
地形図上の現在地から
どちらの方向に
見えるか確認したら
地形図で「これかな」と
怪しい山に目星を
つけましょう
うん、この辺が
正面かな
ぐるり

うーん
ピークが2つある
この山が怪しいなぁ
そしたら 最初に山を確認したときと同じコンパス操作で確認すればいいよね
あ! そっか
ここと怪しい山をつないで~
もう動かして大丈夫
そうだったー!
うれしー
君は虫歯山っていうのねー
最後のミッション
帰りの道を確かめよう!
あそこから来たんだからあそこですよね?
確かめるもなにも

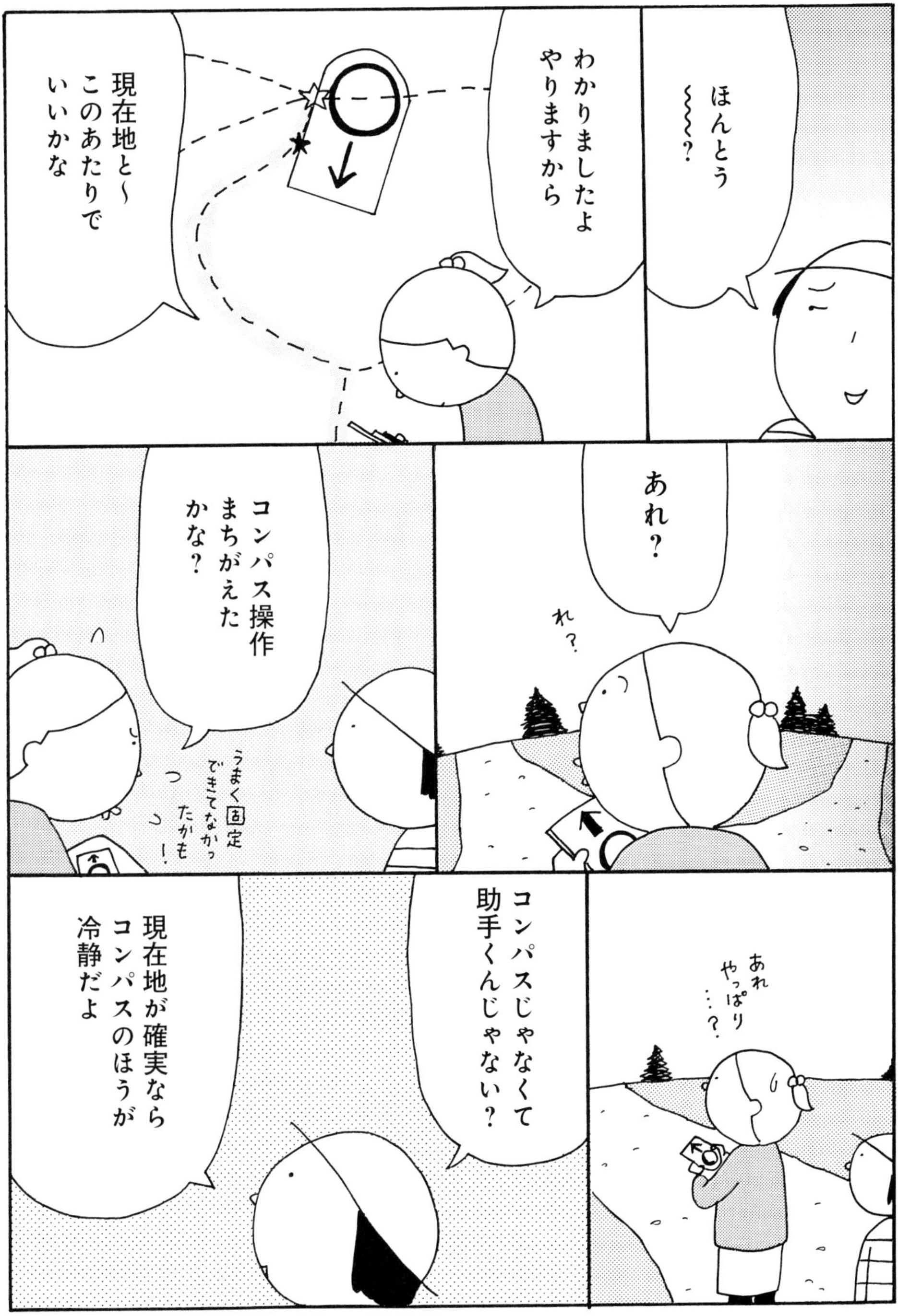
ほんとう〜〜〜？
わかりましたよ やりますから
現在地と〜 このあたりで いいかな
あれ？
れ？
コンパス操作 まちがえた かな？
うまく固定 できてなかったかも！
あれ やっぱり…？
コンパスじゃなくて 助手くんじゃない？
現在地が確実なら コンパスのほうが 冷静だよ

実は山頂はスクランブル交差点のように四方八方に道が出ていたりします
そのわりに山頂看板以外の道標はけっこう大雑把だったりして…
はーやーくー
A山山頂
見すごすことも多い
次私たちもお願い！
休憩などするうちに気が抜けて記憶もあいまいになるのかもしれません
山頂から道迷いするケースは少なくないんですよ
人の思い込みはしつこいものです
まだ疑ってる…
確かに似てるけど…
ちがう気がするー
私も知ってる山なのにとんでもない方向に自信満々で歩きだすことが未だにあります
やっぱり思いこみで…
山頂でのコンパス確認はとくにオススメです
コンパスすごい！
朝のA山分岐だー！
まだ…？

〈コンパスミッションのまとめ〉

レッツ 山 de
コンパスミッション!
お天気のいいときにやってみよう!
用意するもの
・登山地図 ・コンパス
・磁北線を引いた
2万5000分の1 地形図
・時間の余裕
エンジョイ コンパスナビー!
えっと…

分岐 de ミッション

★ 分岐の進行方向確認

現在地:分岐 ——→ 目的地:いま進む方向

山頂 de ミッション

★ 山頂から見える山の名前確認

現在地:山頂 ——→ 目的地:知りたい山のピーク

★ 整置して景色を確認

磁針と磁北線をおそろいに

★ 山頂からの下山道を確認

現在地:山頂 ——→ 目的地:下山する方向

——→ は コンパスの側辺 および 進行線の向きを利用するガイドとして

スズキの一考

COLUMN 4 地形図のコピーについて

コピーする理由
利点をとりいれよう

ダウンロードしたら
USBメモリに
入れて
コンビニで
プリントアウト
しています。
MAP memory

そもそもなぜ、地形図をコピーして持つのかといいますと、コピーならそのままメモを書き込んだり、雑に扱っても気にならず、大きい地形図のなかで歩くコースだけ持ち歩ける利点がありました。また、同じ山域に行くときにも買い直さなくて済み、何度も磁北線を引く手間も省ける理由もあったでしょう。しかし今はダウンロードで入手可能な時代、何度でも自分でプリントできるとなれば、山行のたびに使い捨てるのが主になっていくのかもしれません。

プリンターの精度
インクジェットにご注意を

地形図のコピー、プリントアウトは家庭のプリンターでももちろんできますが、インクジェットプリンターの場合、インクは雨などにもにじみやすくなります。一方、コンビニに設置してある多くはレーザープリンター、にじみも少なく等高線もくっきり出ます。我が家のプリンターはあまり綺麗にプリントできないので、手間はかかりますができるだけコンビニへ行くようにしています。

コピー機を
駆使した
時代から
また
失敗…
うーん

今や
自宅でも
いっちょうあがり〜
ペロ〜

拡大コピー
するなら2倍＝200％

地形が複雑な山の等高線は等倍コピーだと、登山地図の倍だとはいえ、さほど変わらない印象を受けると思います。地形をもっと読みたい、詳しく見たいなら拡大コピーをしましょう。ただし、拡大すれば1㎝＝250mではなくなるので読むときに十分注意しなければいけません。もし拡大するなら200％、つまり2㎝＝250m、単純に2倍の計算をしやすい拡大率がおすすめです。私は普段の登山なら等倍、読図が必要な山には2倍と使い分けていますが、最初しばらくは同じ拡大率で統一するのがいいでしょう。毎回違う倍率にするといつまでたっても地形図と実際の地形のスケール感に慣れません。自分の基準スケールを体に覚えさせたら、縮尺の違う地図も感覚がつかめるようになります。

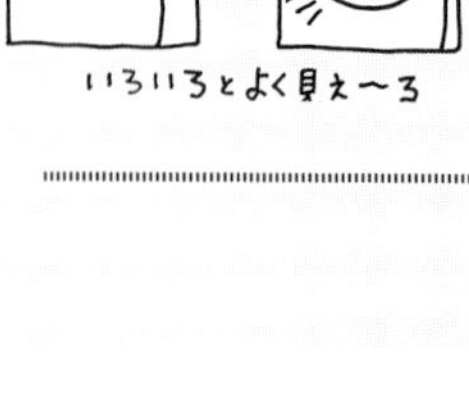
100%
200%
⇔
いろいろとよく見え〜る

第4章

読図を練習しよう!

「受講」のすすめ
コンパス操作や地形図のことをもっと本格的に学んでみたいなら講習に参加するのはいかがですか？
山の「読図・地図読み講習」は主催や地域はいろいろですが定期的に行われています
個人
山岳会
山道具店
山系出版社
登山旅行会社など
調べると出てきます
ヤマケー登山教室 読図講
イシースポーツ 登山学校 地図読み
アルパイーンツアー 地図読み講習会
日本山岳会 読図講習
山岳連メー 机上講
机上講座 現地講習ともレベル分けされたクラスが用意されているので参加しやすいです
私も何度か通って勉強しています
これからも続けたいです
チャンスがあれば現地講習はとくにおすすめですよ
ええ、ぜひ！

最近 また久々に
現地講習に参加してきました
初心者コースの一日は
こんな様子です
2015年2月某日
ヤマケイ登山教室
地図読み講習（初級）
於：高尾山（東京）
きょうは
よろしくお願い
しまーす
講師 山岳ライター
佐々木《ささき》 亨《とおる》さん
教材を
お配りしまーす
はい どうぞー
参加者は
ほぼ女性！
まず磁北線と
チェックポイントの
書いてある地形図が
配られます
これを
このビニールに
入れてくださいね
?
佐々木先生は
地形図をジッパーつき
ビニール袋に入れ
その上から油性ペンで
メモをとるやり方
A3
2万5千図を200% 拡大
ジッパー付きビニール袋（薄手）
9:00
②
①
油性ペン
磁北線
先生によってこういう
やり方が違うのも
おもしろいところです
へえー
濡れないし
折りたため
るしねー

簡単な自己紹介のあと
スケジュールに内容紹介
準備体操をして
出発です
普通に歩くと
3時間くらいですが
きょうは6時間かけて
歩いていきますよ
ハーイ
ハーイ
さっそくですが
もう地形図と道が
違うのに
気づきましたか？
ええっ!!
この道は まだ
地形図に更新されて
ないんですね～
地形図にある道はあそこにうっすら。
踏み跡ほどうっすらぼんやり
林道
地形図も更新されますが
登山道などは
舗装路に比べると
反映が遅いことがあります
うっ…
すでに
登山地図見て
確認したい…
ついていけるだろうか
こういうとき
ちゃんと
地形を読んでいれば
違いに気づけます
地形図の登山道は斜面のトラバース
私はいま谷のなか
尾根
登山口周辺は
林道や作業道などが
入り交じり
地図で見ると
余計わからなくなる
ことも…
登山口を見つけられず
焦ったことは
数知れず
低山はとくにムズカシイね

登山口周辺は地図より看板など現場の道標を信じよう
というのが個人的教訓です
あとは近所の人に聞いてみる
昔の道　古道はロマンがありますよね！
ニコー
先生…今の道が知りたいです
うれしそうで言えない…
私の読図の弱点は地形ではなく登山道　地図記号にとらわれてしまうことです
地図ではこんな道じゃないんだけどなぁ
つづらおれ
地図はそうでもない
地図には省略されていることがたくさんあると覚えておかねばなりません
広いところまで登ってきたのでコンパス使ってみましょうかー
テーブルに地形図を広げて磁北線などの説明とコンパスの操作を教えてもらいます

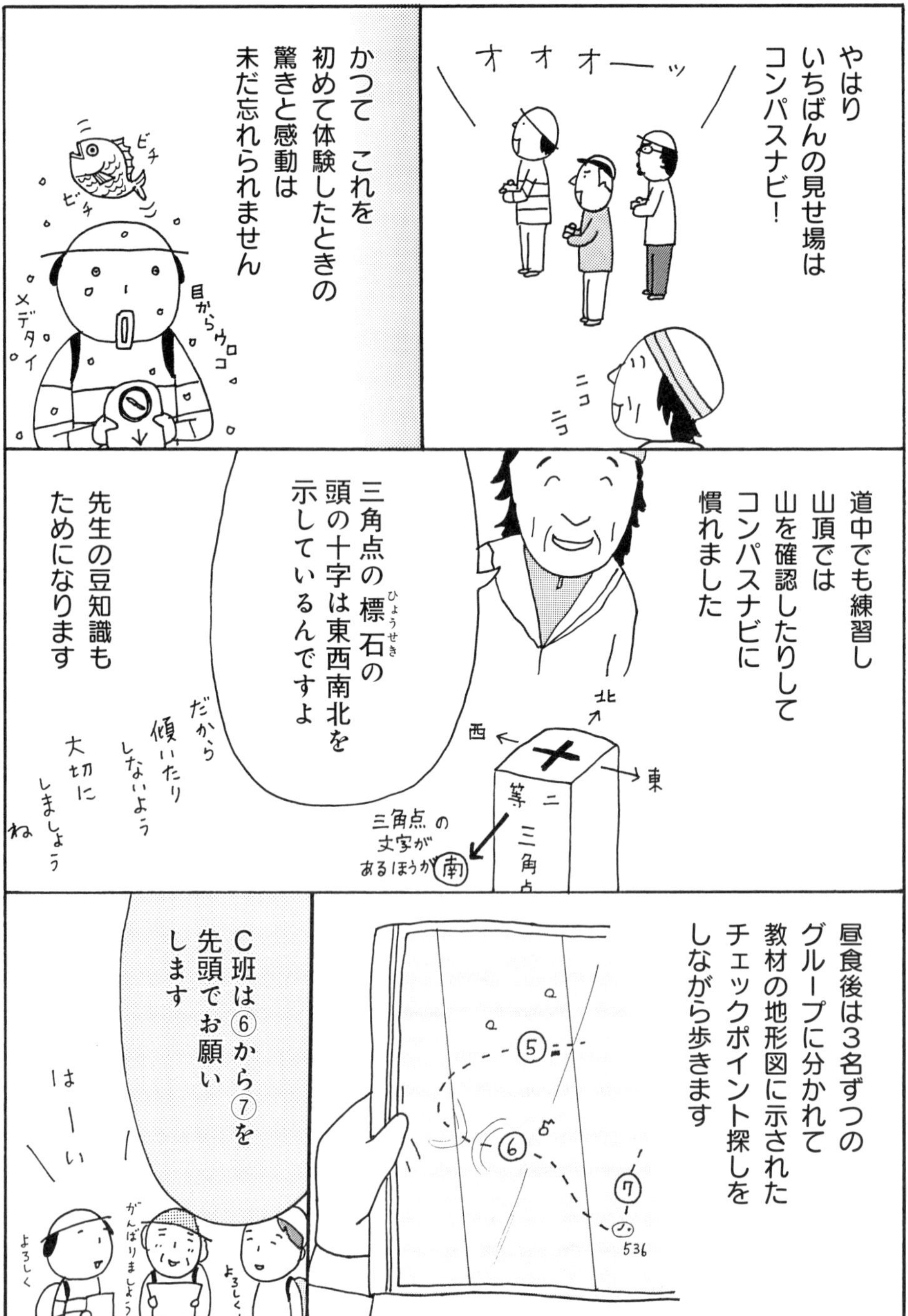
やはり
いちばんの見せ場は
コンパスナビ!
オオオーッ
ニコ
ニコ
かつて　これを
初めて体験したときの
驚きと感動は
未だ忘れられません
ピチ
ピチ
メデタイ
目からウロコ
道中でも練習し
山頂では
山を確認したりして
コンパスナビに
慣れました
三角点の標石《ひょうせき》の
頭の十字は東西南北を
示しているんですよ
北
西
東
二等三角点
三角点の文字があるほうが南
先生の豆知識も
ためになります
だから
傾いたりしないよう
大切にしましょうね
昼食後は3名ずつの
グループに分かれて
教材の地形図に示された
チェックポイント探しを
しながら歩きます
⑤
⑥
⑦
536
C班は⑥から⑦を
先頭でお願い
します
はーい
よろしく
がんばりましょう
よろしくー

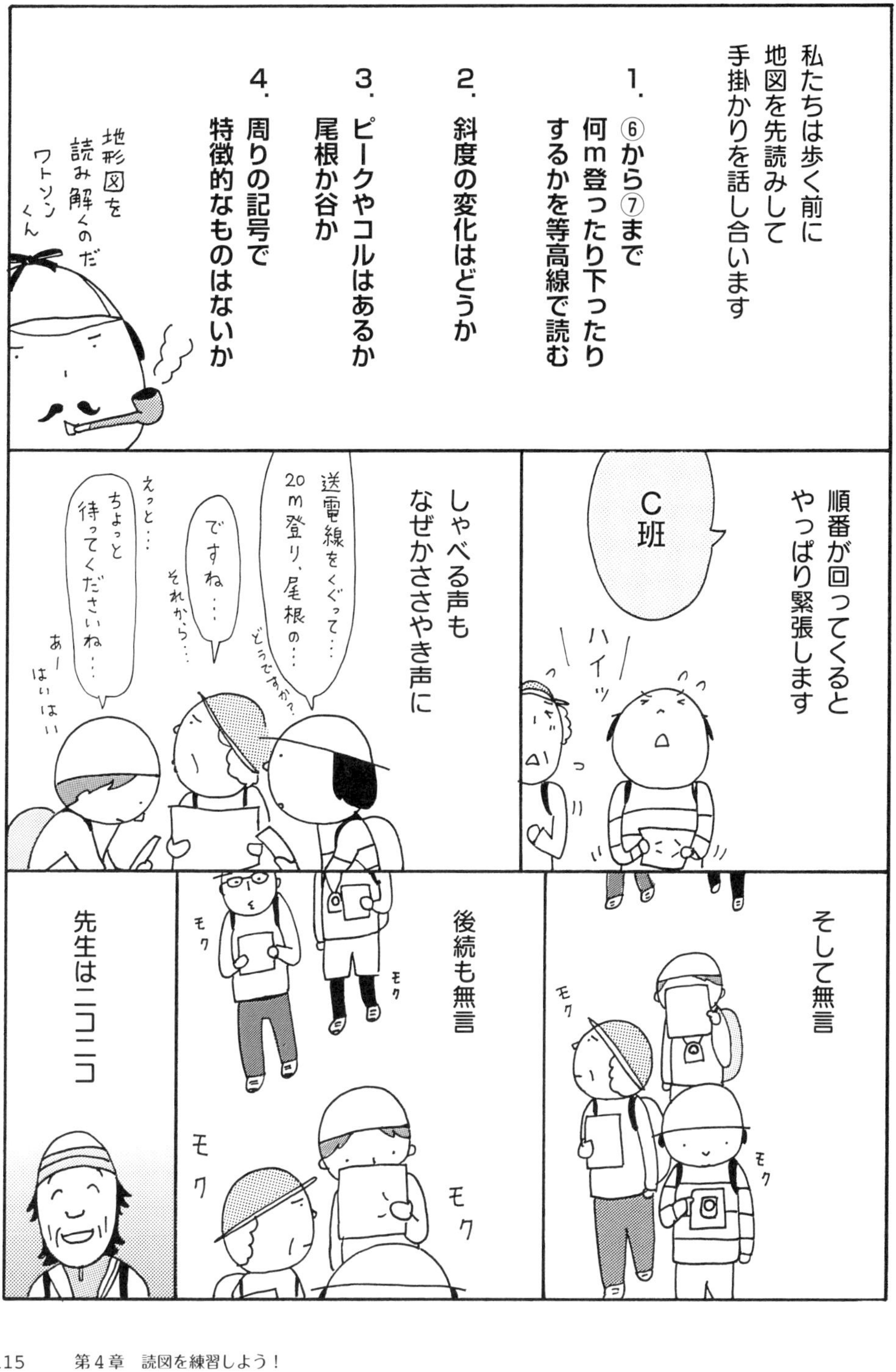
私たちは歩く前に
地図を先読みして
手掛かりを話し合います
1. ⑥から⑦まで何m登ったり下ったりするかを等高線で読む
2. 斜度の変化はどうか
3. ピークやコルはあるか尾根か谷か
4. 周りの記号で特徴的なものはないか
地形図を読み解くのだワトソンくん
順番が回ってくると
やっぱり緊張します
C班
ハイッ
しゃべる声も
なぜかささやき声に
送電線をくぐって… 20m登り、尾根の…
どうですか?
ですね…
それから…
えっと…
ちょっと待ってくださいね…
あ! はいはい
そして無言
モク
モク
後続も無言
モク
モク
モク
モク
先生はニコニコ

ここが⑦だと思います
いいと思いまーす
ほかのみなさんも賛成ですか？
いつもの山登りではここまで地形図を握りしめて歩くことは稀ですから講習は　私も毎回初心者気分
ホッ
それにしても感覚って使わないと鈍っちゃうんだなあ
フー
普段道案内や道迷いをしないためだけに地図を活用していて地形を読むのが疎かになっていることに今回の講習で気づかされました
斜度の変化ならまだしも距離や高低がぜんぜん読めなくなってるな——
くー

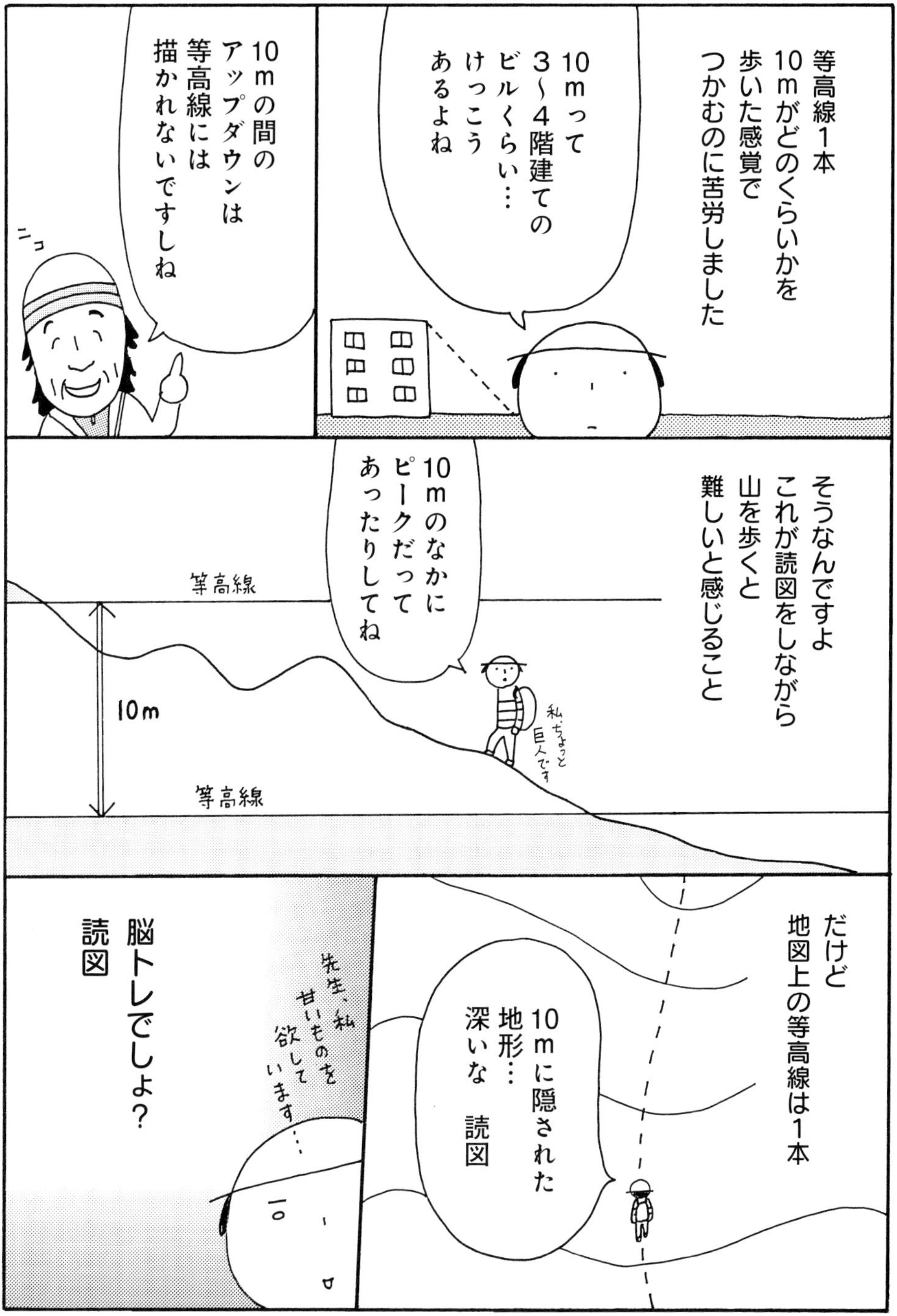
等高線1本 10mがどのくらいかを 歩いた感覚で つかむのに苦労しました
10mって 3~4階建てのビルくらい… けっこう あるよね
10mの間の アップダウンは 等高線には 描かれないですしね
ニコ
そうなんですよ これが読図をしながら 山を歩くと 難しいと感じること
10mのなかに ピークだって あったりしてね
等高線
10m
等高線
私、ちょっと 巨人です
だけど 地図上の等高線は1本
10mに隠された 地形… 深いな 読図
脳トレでしょ? 読図
先生、私 甘いものを 欲して います…

最後に地図を地球に貼りつけましょう
コンパスの磁北と地図の磁北線を同じにして置いてみて
ちきゅう？
あ 整置か！
確かに！地球のとおりに地形図を置くんだ！おもしろい！
ピタ
ペタ
これを2万5千倍にしたらほんとうに地球に貼りつけられるなぁ……
ぽわーん
ね 地図と風景が同じになってるでしょ？
これを整置といいます
貼りつけたい…
協調性のないひとりっ子の妄想タイム

講習が終わると
みんな安堵の表情で
最後のごあいさつです
何度も歩いた道なのにきょうがいちばん疲れました
実践してみてやっとコンパスがわかりました
もっと地図読みしたくなった！
私は何度目かの初級講習でしたが同じことを教わっても「新しい発見」があっておもしろかったです
でも 毎回「できないこと」も思い知らされて…
読図はなにも難しく考えず みなさんがこれから もっと山を楽しくするために してください
ニコー
講習 やっぱいい！
ビチ
ビチ
先生っ!!

読図の「自主トレ」
講習以外でも読図の練習をしてみたいなぁ
地形図に慣れるために一度集中して何回か続けてやってみるといいと思うよ
練習のコツってありますか？
そうね コンパスナビなら高山より低山がいいと思うな
高山は歩ける場所が限られています
道に迷う気がしない
そんなところでは地図よりも足元を読むほうがいいでしょう
3歩先くらい読んでおこう
低山のほうがまぎらわしい道があるのでコンパスの使いがいもあると思います
林業などの作業道
行き止まりのナゾの道

山の名前を調べるなら眺めのいい山頂が楽しそうですね！
山頂からはなにも山だけでなく街のシンボルや自分の家を探すのもおもしろいですよ
お母さーん
とにかくビギナーは現在地を特定するのが難しいから手掛かりが多い整備されている山がおすすめ
看板や目印が多い
山頂 一四〇三米
←3 4→
二合目
ここは1200m
トイレ
展望台
眺めがある
コンパス操作に慣れてきたら「分岐」「山頂」以外でも現在地を仮定してコンパスナビをするのはいい練習なのですが……
分岐を過ぎて方向が変わるここかな？
もし仮定した現在地がまちがっていたら当然コンパスはまちがった方向を指します
コンパスはこっちなんだけど…

現在地に自信がないときは登山道を信じよう
そうですね それがいい 登山道が正解
慣れてきたころに怖いのが自分の読図を過信してしまうこと
コンパスはこっちだもん!
ガサリリ
そうならないためにも練習は「わかりやすい山」がいいというわけ
登山道がしっかりしていれば自分のまちがいにもすぐ気がつきます
ありゃま!?
やだ〜もう〜まだまだなぁ
あぶない あぶない
現在地はここじゃなかったのか…じゃあ…
これ尾根で…分岐からまだ数分だし…
もう少し手前か?
うーん…
こういうのが練習になるんですよね

数人で練習すると推理ゲームのように盛り上がります
回るよ
いいよ
いっせーの
こっち♡
こっち♡
くるっ
くるっ
くるっ
カプセルの矢印を磁北線に合わせるとき南北を逆にしてしまうとこうなります
ええ〜〜〜〜〜
うそーー
キャハハ
南北エラー
くるり
わからないなりにも一緒に地形を喧々囂々《けんけんごうごう》するのもまたよし
きっとこの尾根だよ
でもこんなに小さいかな?
えっ! これ 谷じゃないの?
だってさーー

谷ではない
谷ではない
ホラ、このピークから出っぱっているよ…
そう?
それが合っていようがまちがっていようがいいのです
だって道に迷っているんじゃないんだもん♡
じゃあ、次の分岐でまたやろう～
たのしー
おー
地図や周りをよく見るのがだいじな練習です
もちろん迷ったら必死で読図してください
要領がつかめてもフツーの山行時より読図の量を増やす「読図の山の日」を決めて定期的に練習するのがおすすめです
使わないとけっこう忘れてしまうものですよ
でも　毎回だと頭使いすぎちゃいそうですしね
エヘ

第5章
先読みをマスターしよう！

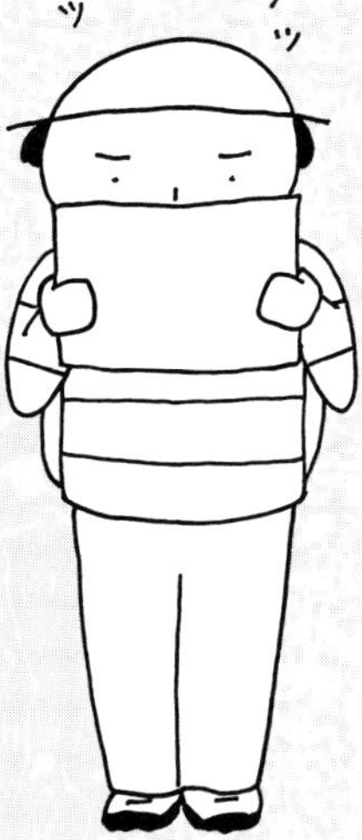

読図の「ど」だけで先読みもできる
地形図とコンパスを使って 山に行ってみてどうだった?
正直言うと意外とカンタンでした
なんか登山家になったみたい
なんで凹んでんの?
今回のは読図においては基本の「き」くらいなんだけどこれを応用すると困ったとき役に立つよ
雨やガスで視界が悪いとき
樹林や笹などで先が見えないとき
ガサ
ゴソ
雪渓や平原で行く先が定まらないとき

整置で 現在地（周辺）を 俯瞰《ふかん》し
右側は 崖地だから 寄らないように キープ…
等高線で 地形や登山道の 予測を
60m登れば 尾根に出るから 少しは眺めが あるかも…
そして コンパスで 進むべく方向を 定める——
あのあたりに 登山道が 続いてるみたい だな…
一歩踏み出す 自信をくれるのです
読図を知っていて よかった〜
読図の技術って 山歩きの不安を やわらげてくれると 思うんだ！
確かに 後押ししてもらってる 気がしたかも
右です！
同行二人
ゾクッ
練習が必要なのは その「後押し」感覚が 正しくあるように 体に覚えこませたいから なんだよね

あとね
読図は困ったときの
助けだけじゃなくて
疲れを軽減しても
くれるんだよ
寄り目にすると
かわいいワンちゃんが
浮かんでくるとか！
いやしー
キャン♪
あれ
疲れるよね？
違う 違う
行く先を前もって
確認するように
なるからなんだ
次の山小屋まで1時間…
山頂は11時ころ…
あとちょっとで平らになるぞ
ここからしばらく急坂
山頂に見えてあれはニセピーク
これは「地図の先読み」
といって
歩く前にコースを
シミュレーションすること
事前にコースを
把握しておくと
心構えもペース配分も
できるし
もちろん
道迷いを防ぐにも
たいへんいいんだ

山頂まで あと どのくらい？
お昼ごはん まだかな？
いつまで 続くの…？
どこまでも〜ぉ か〜ぎりぃ なくぅ〜 ふぅ…
初心者が疲れやすい 理由の大きな要因は 先読みをしていない からです
まだ〜？ まだ〜？ まだ〜？
計画した人は 自然と 先読みできていますが 同行者と共有するのも だいじな準備です
みきさん まだですか？
ごめん、ごめん あと30分で お昼にしよ！
ほらほら見て 今がここで… お昼はこの眺めの いいとこで食べよう
で、山頂行って 下山は14時って かんじ！
時間にしても 距離にしても 目標があるほうが 人は頑張れますよね
これが描けたら 休みだ！とかさ
ふン
なんだ あとちょっとですね 楽勝です！
ごはん！
頼りない同行者を 育てるのは同行者 ときには反面教師…
ああ、私のせいで こんなお調子者の 登山者に…

あれ？30分でお昼って言ってたじゃないですかぁ！
もう30分過ぎましたよ！
眺めなんてないし〜
トボトボ
そういえばそうだね？
キョロキョロ
あった♪
助手くん気づいてくれてありがとう 看板見すごしてたよ
これが先読み効果です
展望台
先に読んでいればそうでなかったときに変化に気づくことができます
立ち止まることができるのです
おーいいね
わーすてきー

眺めがいいと おにぎりも いっそう おいしいねー
はむ
同行者がいれば 楽しさも倍
私のおかげ ですね〜
えっへん
気づく目も 倍に
そうなるためにも 一人ひとりが 先読みする習慣を つけられるのが グループの理想ですね
そういえば 下山したあとに いい店 見つけました
知りたい ですか？
一緒に歩くなら シェアしましょうよ
登山で「読図」が 重要視されるのは この「先読みの重要性」 からなんだと思います
それを実感すると 今までなにげなく 現在地の確認だけに 登山地図を 使っていた人も これからは ちょっと先まで 読む習慣がつくのでは ないでしょうか

以前より
地図を出す回数が
増えそうですね！
そうね
私なんて　すぐ
忘れちゃうから…
歩いてきた道も
何度も振り返って
思い出したり
してね…
時計も
しょっちゅう
それじゃ
先読みじゃなくて
後読みじゃない
ですか
キャキャッ
ホントだ！
でも多少覚えていないと
現在地がどの辺か
わからなくなるんだよね
どのくらい
登ったかな？
先読みを知ってから
現在地がわからないのが
なんだか怖いんだよ
私の「ログ刑事《デカ》」が
老いぼれてきたのか
なあ…？
ぼー
定年
まぢか
みきさんが――
だと思いますけど？

何度も
口酸っぱく繰り返して
しまいますが
現在地が肝《きも》
だって現在地を
見失えば　地図と
コンパスを失うのも
同然というか…
現在地が
わからなければ
先もわからないからね
ふる
ふる
自分がどこにいるのか
わからなければ
先読みも後戻りもできず
目的地も定まらない…
まるで「人生」と同じ
ですね……
深い
深いよ　助手くん
GPSで
人生の現在地も
出ないかなぁ…
うん？
GPSを使えば
スイッチ1つで
現在地確認できるので
よかったら　どうぞ
人生のは
出ないと
思います

でも　せっかくこの本で「読図」の扉をあけたのですから等高線も気に掛けてあげてください
わたしも見て〜
あの〜 等高線とその景色を見比べているうちに景色に等高線が見えるように……
なにかの病では…？
あああ〜
熱中症です
しばらく地形図はひかえてください
ほどほどで構いませんので
先生！ あと新しい地図記号思いついたんですけど
歓楽街…
私ももっと地形からいっぱい状況証拠を集められるようになりたい！
あ スマホのアプリでもGPSでナビしてくれる登山地図がある！
しかも無料!? ワオ！
ん・もう！
コンパス操作も磁北も忘れませんから
ね！ 泣くことないですよね？
しゅん

終章

おわりに

読図の「ど」のその先に
「読図」への苦手意識少しは緩和されたでしょうか?
私はもともと地図を眺めるのが好きだったので登山を始めて早い段階で「読図」に興味を持ちましたが――
読図本で挫折…
ちーん
早い段階で苦手意識を持ってしまいました
しかし登山地図にない山に行き始めるようになり再燃
やっぱり必要だ!
そうだ!
一念発起し再び読図本を手にとるも…
意気消沈
ちーん…
ハァ
再び挫折

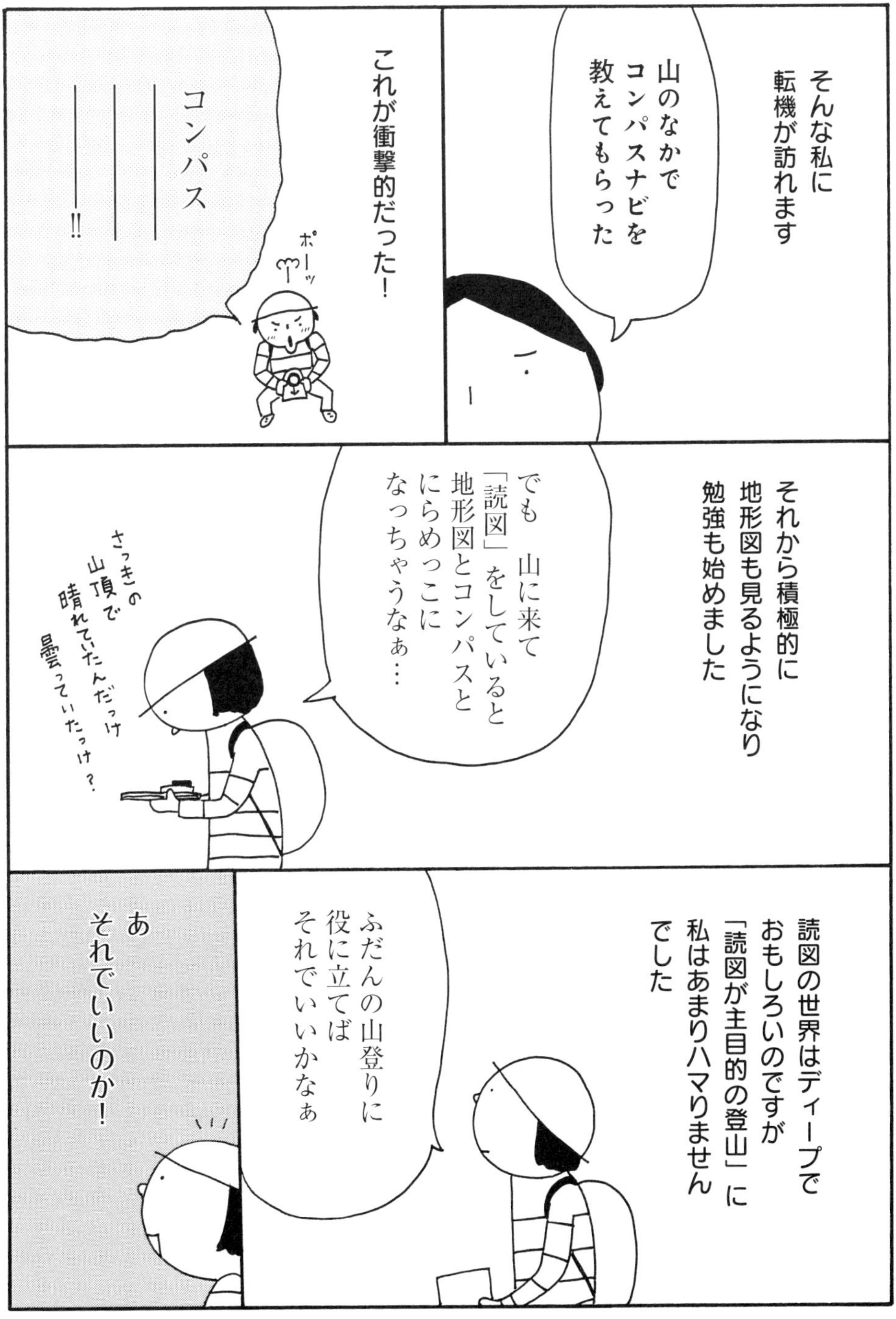
そんな私に転機が訪れます
山のなかでコンパスナビを教えてもらった
これが衝撃的だった!
ポーッ
コンパス―――!!
それから積極的に地形図も見るようになり勉強も始めました
でも 山に来て「読図」をしていると地形図とコンパスとにらめっこになっちゃうなぁ…
さっきの山頂で晴れていたんだっけ曇っていたっけ?
読図の世界はディープでおもしろいのですが「読図が主目的の登山」に私はあまりハマりませんでした
ふだんの山登りに役に立てばそれでいいかなぁ
あ それでいいのか!

そこで　いつも使っていた
登山地図を補うカタチで
地形図とコンパスを
使ってみると
いろいろ頭に入れたわりに
よく使うのは
お、こんなときは
コンパス使お～っと！
次のポイントまでの
コンパスナビと
登山道の先読みくらい
でした
便利～♪
なーんだ
私が必要だったのは
これだ！
「読図」は
どういうわけか
難しそうに感じて
しまうワードです
読図
襟を正して勉強しないと
いけない印象を与え
多くの人が躊躇して
しまうような気がします
読図
そそくさ
あれはなにかな～
??
また今度…
しかし
やってみると
コンパスナビなんかは
とても楽しいし
登山者なら自然と身に
ついていることも多いので
ことさら覚えることは
そう多くはなかったのです
ということを
とりあえず
お伝えしたかった
!!
アナタの
登山人生の
できるだけ
早くに！
ドン

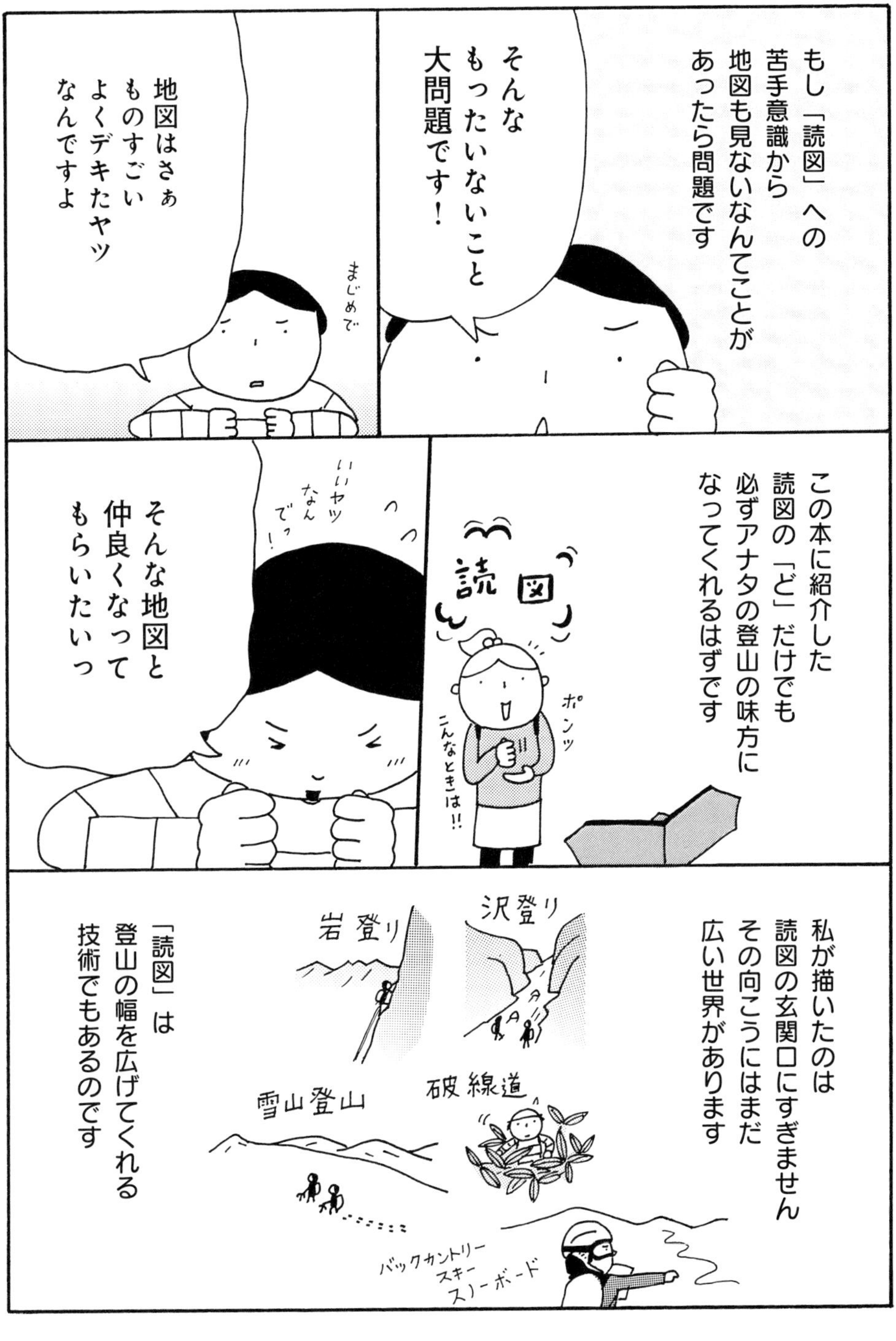
もし「読図」への
苦手意識から
地図も見ないなんてことが
あったら問題です
そんな
もったいないこと
大問題です！
まじめで
地図はさぁ
ものすごい
よくデキたヤツ
なんですよ
この本に紹介した
読図の「ど」だけでも
必ずアナタの登山の味方に
なってくれるはずです
読図
ポンッ
こんなときは!!
いいヤツ
なんでっ！
そんな地図と
仲良くなって
もらいたいっ
私が描いたのは
読図の玄関口にすぎません
その向こうにはまだ
広い世界があります
沢登り
岩登り
破線道
雪山登山
バックカントリー
スキー
スノーボード
「読図」は
登山の幅を広げてくれる
技術でもあるのです

地形を読むには
ちょっと訓練が
要りますが
やりがいがありますよ
私もお勉強中です
今回は地形的なことを
少々乱暴にはしょって
しまいました
ほかの「読図本」を
読んで深めて
もらえたら幸いです
ペコ
願わくば
これを機に
地図の大切さを
見直していただき
身についたことが
みなさんのお役に
立ちますように
あは！
お手伝いできていると
いいのですが…
ポリ
読図を
義務感で
するのではなく
登山での
楽しみの1つに
なったらいいと
思っています

地図を使うと
今まで
ただ歩いていた登山道が
「自分が選んだ道」へと
変わります
自信を持って
歩いていけるように
さっそく　山で
試してみませんか？
味方を1つ
増やしましょう
コンパスも
むずむずしてますよ
使ってちょー
是非〜〜〜〜〜〜〜〜〜〜〜〜〜〜！

あとがき

「読図をしたい」という読者の声が私の耳に多く聞こえてくるようになったのは数年前でした。「本が難しくて読めない」「教わったけどわからない」、そのうちにこんな声も聞こえてきました。しかし、私には教えてあげられるほどの読図知識はないと感じていたので、描くのならもっと先……そう思っていました。そんなある日、山小屋で先輩男性が読図初心者に読図を教えているのを見かけました。男性は延々と北極と磁北について語っています。そのときのみんなの「？」マークの顔!! 確かにそれは読図を勉強するために必要な基礎ではありますが、彼女たちが必要としているのは「明日使える読図」なのが、私にはわかりました。私も周囲の経験者も登山道で使う読図は「ど」だけです。ならばそれだけを丁寧に説明するだけでも役に立つかもしれないと、この本が生まれました。「難しい」、そうならないように心がけましたが、なにせ地図好き……余計な説明もあるかとは思います。少しでもみなさんの読図への嫌悪感が和らげば幸いです。そしてみなさんが、これから一生道に迷うことがないように、この本がその手助けになれることを願っています。

最後にこの場をかりて、未知の読図と格闘し編集してくださった講談社エディトリアルの佐藤美奈子さん、ブックデザインをしてくださった工藤亜矢子さん、ありがとうございました。そして、こんな私でも頼りにしてくれる読者のみなさまに感謝します。

二〇一五年六月五日　山梨の地形図まみれの自室にて

鈴木みき

鈴木みき（すずき・みき）　**イラストレーター**

東京生まれ。24 歳のころにカナダで 1 年間を過ごし、そのときに出会った山に圧倒されて登山にはまる。『ヤマケイＪＯＹ』の読者モデルの仕事をきっかけに、数々の山登りを体験。また山小屋でのアルバイトを経てさらに山への愛情を深め、登山系イラストレーターを生業とするようになる。コミックエッセイのデビュー作、『悩んだときは山に行け！』（平凡社）は、山ガールブームの先駆けとしてヒット。以降、山登りをすすめる単行本を次々と発表。雑誌『山と溪谷』『フィールドライフ』などへもイラストや紀行文を寄せるなど、山に登りつつ執筆活動を続けている。また、旅行社の登山ツアー企画へ協力するなど、活動の幅を広げている。著書多数、近著は脱・初心者組に捧げる実用コミックエッセイ『山、楽しんでますか？　安心安全登山のための「次のステップ」』（講談社）。
ブログ：「鈴木みきのとりあえず裏日記」http://ameblo.jp/suzukimiki/

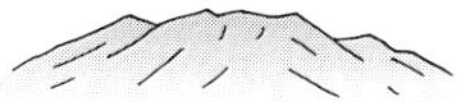

ブックデザイン　工藤亜矢子（OKAPPA DESIGN）
撮影（著者近影）　岡野朋之
編集協力　戎谷真知子

地図《ちず》を読《よ》むと、山《やま》はもっとおもしろい！

コミックだからよくわかる　読図《どくず》の「ど」

2015 年 8 月 6 日　第 1 刷発行
2023 年 3 月 10 日　第 7 刷発行

著　者　鈴木《すずき》みき
発行者　鈴木章一
発行所　株式会社 講談社
〒 112-8001　東京都文京区音羽 2-12-21
販　売　03-5395-3606
業　務　03-5395-3615
編　集　株式会社 講談社エディトリアル
代表　堺 公江
〒 112-0013　東京都文京区音羽 1-17-18　護国寺 SIA ビル
編集部　03-5319-2171
印刷所　株式会社 新藤慶昌堂
製本所　株式会社 国宝社

KODANSHA

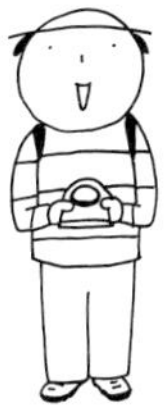

ISBN978-4-06-219669-7　